MARLIS PÖRTNER

ALTE BÄUME WACHSEN NOCH

Neue Erfahrungen in späten Lebensjahren

KLETT-COTTA

Klett-Cotta
www.klett-cotta.de

Printed in Germany
Schutzumschlag: Rothfos & Gabler, Hamburg
Unter Verwendung eines Fotos von © Marijan Murat
Gesetzt aus der Berling und der Optima
in den Tropen Studios, Leipzig
Auf säure- und holzfreiem Werkdruckpapier gedruckt und gebunden
von Bercker Graphischer Betrieb GmbH & Co. KG, Kevelaer

ISBN 978-3-608-94565-2

Zweite Auflage, 2010

Bibliografische Information der Deutschen Nationalbibliothek
Die Deutsche Nationalbibliothek verzeichnet diese Publikation in
der Deutschen Nationalbibliografie; detaillierte bibliografische
Daten sind im Internet über <http://dnb.d-nb.de> abrufbar.

Für Milena und Stephan
und die, die von ihnen den Stab übernehmen werden

Vorspann

Im Alter geht es nur noch bergab. Veränderungen bringen nichts Gutes, im Gegenteil, sie beschleunigen den Abbau. Für alte Menschen ist es das Beste, wenn alles so bleibt, wie es ist, und in den immer gleichen Bahnen verläuft. So die gängige Meinung.

Die Realität ist: Obwohl es uns mit zunehmendem Alter immer schwerer fällt, müssen wir uns gerade jetzt – ob wir wollen oder nicht – mit vielen Veränderungen auseinandersetzen, inneren wie äußeren. Vertraute Menschen sterben, die Welt rundherum verändert sich, im Großen ebenso wie in kleinen Dingen des Alltags. Der Laden, in dem wir seit Jahren eingekauft haben, musste seine Pforten schließen, das nette kleine Lokal, wo wir uns gerne mit Freunden trafen, ist einem Schnellimbiss gewichen, das Postamt in der Nähe wurde aufgehoben, die Zeitung, die wir jahrelang gelesen haben, erscheint nicht mehr … und so weiter und so fort.

Auch der Körper ist nicht mehr das, was er war. Im Spiegel blickt uns eine alte Frau, ein alter Mann entgegen, und wir fragen uns manchmal erschrocken: Bin das wirklich ich? Die Sehkraft nimmt ab, das Gehör wird schlechter, manches, was wir früher problemlos nebenher erledigt haben, schaffen wir nur noch mit Mühe. Selbst diejenigen, die das Glück haben, von schweren Krankheiten verschont zu sein, müssen sich mit allerlei altersbedingten gesundheitlichen Problemen herumschlagen. Das alles ist unangenehm, zeitraubend und mühsam, man könnte sich unentwegt darüber ärgern oder grämen und dem, was früher war, nachtrauern.

Man kann es auch anders sehen: Veränderungen fordern uns heraus, beleben uns, rufen schlummernde Kräfte wach und erweitern den Horizont. Veränderungen, selbst unliebsame, bringen uns weiter – wenn wir bereit sind, uns mit wachen Sinnen auf sie einzulassen.

Für alles, was er im Alter verliere, gewinne er etwas hinzu, erklärte kürzlich der siebzigjährige Regisseur Peter Stein in einem Radio-Interview. Noch sind solche Stimmen selten, aber es werden ihrer mehr. Sie zeigen, dass die – nicht zu bestreitenden – Beschwerden und Beeinträchtigungen des Alters nur die eine Seite der Medaille sind. Wenn wir unseren Blickwinkel ändern, werden wir auch ihre andere Seite entdecken und die späten Jahre als Chance begreifen können. Den Blickwinkel ändern heißt nicht: wegschauen, sondern im Gegenteil: genauer hinschauen, das Auge weiter schweifen lassen, um verschiedene Seiten altersbedingter Veränderungen wahrzunehmen, die schmerzlichen *und* die hoffnungsvollen. Dann erkennen wir, dass dieser Lebensabschnitt nicht nur Verlust mit sich bringt, sondern auch überraschende Entwicklungsmöglichkeiten bereithält. Den Blickwinkel ändern heißt nicht, die Beschwernisse und Unannehmlichkeiten des Alters und die damit verbundenen Gefühle verdrängen, sondern ihnen ins Auge sehen, sie annehmen und versuchen, so gut wie möglich mit ihnen zu leben.

Drei Eigenschaften – oder sollte ich besser sagen Tugenden? – erweisen sich als besonders hilfreich, ja unverzichtbar, um sich die Lebensfreude zu erhalten und die späten Jahre – trotz und mit ihren Einschränkungen – als eine zufriedene und erfüllte Zeit zu erleben: *Achtsamkeit, Flexibilität und Versöhnlichkeit.*

Achtsamkeit ist eine buddhistische Tugend, die wir schon in jüngeren Jahren gut gebrauchen könnten. Im Alter wird sie geradezu unentbehrlich, um trotz mancherlei Beschwerden den Alltag gut bewältigen zu können. Höchste Zeit also, sie sich anzueignen: Achtsamkeit nach innen, auf unsere momentane Befindlichkeit, auf Schwachstellen, die sich heute besonders bemerkbar machen und beachtet werden müssen, auf Bedürfnisse, denen wir Raum geben sollten. Achtsamkeit nach außen, auf das, was auf dem Weg liegt: Da ist eine Stufe kaum zu sehen, dort lauert eine Unebenheit – lauter Stolpersteine, die man in jüngeren Jahren gar nicht bemerkt, weil sie noch keine Bedeutung haben.

Man wird dünnhäutiger im Alter – im wörtlichen wie im übertragenen Sinn. Die Haut wird tatsächlich dünner. Barfuß gehen, zum Beispiel, kann zur Qual, werden, weil die geringfügigsten Unebenheiten, die winzigsten Steinchen schmerzhaft zu spüren sind. Man braucht nur irgendwo leicht anzustoßen – schon reißt die Haut auf oder es bilden sich blaue Flecken. Im übertragenen Sinn: Man wird hellhöriger für Unausgesprochenes, bekommt ein feineres Gespür für unterschwellige Spannungen, nimmt subtile Unfreundlichkeiten deutlicher wahr, reagiert empfindlicher auf Rücksichtslosigkeiten. Auf der anderen Seite kann eine kleine (oft im Grunde ganz selbstverständliche) freundliche Geste oder Aufmerksamkeit zutiefst beglücken, ja schnell einmal zu Tränen rühren.

Diese erhöhte Sensibilität haben wir im Alter dringend nötig, weil sie uns hilft, so manche Klippe zu umgehen. Wir sollten uns ihrer nicht schämen, sondern sie ernst nehmen und uns von ihr leiten lassen.

Flexibilität brauchen wir, um auf das, was wir achtsam wahrnehmen, angemessen zu reagieren: also nicht um jeden Preis das vorgesehene Programm durchziehen, sondern die momentane Befindlichkeit berücksichtigen und Aktivitäten entsprechend anpassen. Zum Beispiel die morgendlichen Übungen weglassen, wenn ich merke: heute bin ich nicht so recht in Schuss; essen, wenn ich Hunger habe; schlafen, wenn ich müde bin – obwohl es im Tagesablauf vielleicht anders vorgesehen war. Auf den Rhythmus des eigenen Körpers zu achten und ihm zu folgen ist eine unschätzbare Kraftquelle, die wir nutzen sollten, wann immer es möglich ist. Natürlich geht das nicht immer, aber es geht öfter, als wir meinen. Sicher werden wir oft durch reale Gegebenheiten daran gehindert, doch mindestens ebenso oft sind es die Vorstellungen in unseren Köpfen, die uns im Wege stehen. Jüngere Menschen können ihre Befindlichkeit eher einmal außer Acht lassen, weil sie mehr Reserven haben und sich schneller regenerieren. Doch auch in früheren Jahren ist das nur bis zu einem gewissen Grad möglich, will man nicht Raubbau mit seiner Gesundheit treiben. Den können wir uns im Alter definitiv nicht mehr leisten. Wir müssen sorgsam mit unseren Kräften umgehen und sie sinnvoll einsetzen, damit sie uns möglichst lange erhalten bleiben, das heißt, wir müssen auf wechselnde Situationen flexibel reagieren können. Das Dilemma ist: Wir brauchen Flexibilität jetzt notwendiger denn je und zugleich fällt sie uns mit zunehmendem Alter immer schwerer. Wir sind körperlich nicht mehr so beweglich und neigen dazu, auch in der geistigen Beweglichkeit nachzulassen. Wir halten am Gewohnten fest, selbst wenn es unserer Befindlichkeit nicht angemessen ist. Dagegen müssen wir etwas tun.

Nicht dass Gewohnheiten grundsätzlich schlecht wären. Wir brauchen Gewohnheiten, sie erleichtern manches und geben uns Sicherheit – aber sie müssen einen Sinn haben und unseren Bedürfnissen entsprechen. Und die ändern sich im Lauf des Lebens. Deshalb müssen wir immer wieder mal das eine oder andere bisher Gewohnte aufgeben und etwas anderes an seine Stelle setzen. Dieses andere zu finden ist nicht immer leicht, doch zugleich eine spannende und beglückende Erfahrung.

Flexibilität schafft ein Gegengewicht zur abnehmenden Beweglichkeit unserer Glieder (gegen die sich übrigens ebenfalls einiges tun ließe). Ob es uns gefällt oder nicht: Die vielfältigen inneren und äußeren Veränderungen, denen wir in diesem Lebensabschnitt ausgesetzt sind, rufen nach immer neuen Anpassungsleistungen. Einfallsreichtum ist gefragt, um Lösungen zu finden, mit denen wir uns wohl fühlen. Flexibel sein bedeutet nicht, sich verbiegen zu müssen, im Gegenteil. Wohlbefinden und Zufriedenheit sind nur möglich, wenn man zu sich steht. Und wo das nicht mehr in derselben Weise möglich ist wie bisher, müssen neue Wege gefunden werden, um sie sich zu verschaffen. Flexibilität ist die Fähigkeit, sich zu verändern und sich dabei selber treu zu bleiben.

Versöhnlichkeit ist vielleicht das wichtigste von allem: Versöhnlichkeit gegenüber anderen, gegenüber dem Leben – und gegenüber sich selber. Nichts vergällt die späten Jahre mehr als verbittertes Hadern. Es schadet der Seele, in Unversöhnlichkeit zu verharren gegenüber Menschen, die uns enttäuscht oder – vielleicht nicht einmal absichtlich – verletzt haben; zu hadern mit dem Schicksal, das es nicht immer gut gemeint hat; nicht hinwegzukommen über die eigenen Unzulänglichkeiten, Fehler und das eigene Versagen. Gewiss, Versöhnlichkeit wäre schon früher wünschenswert, doch wenn der Schmerz noch zu frisch ist, die Wut noch zu heftig, die Enttäuschung noch zu bitter, kann Versöhnlichkeit nur schwer gelingen. Es braucht Zeit, bis Schmerz, Zorn und Enttäuschung durchlebt sind und abklingen. Erst dann wird es möglich sich auszusöhnen. Das ist eine der großen Chancen, die uns die späten Lebensjahre bieten. Versöhnlichkeit bedeutet nicht, Personen oder Ereignisse im Nachhinein zu beschönigen oder gar zu verklären. Eine wirkliche Aussöhnung mit dem Geschehenen, kann nur gelingen, wenn wir dem, was war, ins Auge sehen, so wie es war. Verklärung erschwert die Aussöhnung. Versöhnlichkeit heißt, das Geschehene annehmen und sich sagen können: So war es nun einmal, es war zwar nicht schön, aber jetzt kann ich es gut sein lassen.

Versöhnlichkeit bedeutet auch erkennen, dass man selber nicht immer alles richtig gemacht hat, die damit verbundenen Gefühle wie Enttäuschung, Trauer, Scham, Bedauern zulassen und sich schließlich verzeihen können. Dann fällt es nicht mehr so schwer, auch anderen zu verzeihen. Und: Schicksalsschläge werden nicht erträglicher, wenn man nicht aufhört, sich darüber zu grämen. Doch wenn etwas bedroht ist, das uns *jetzt* wirklich noch am Herzen liegt, müssen wir notfalls bereit sein, dafür zu kämpfen. Es nicht zu tun, hieße sich aufgeben und selber zum alten Eisen werfen.

Eine radikale Veränderung meiner Lebensumstände, die mir zunächst alles andere als erwünscht war, hat mir die Augen geöffnet für unverhoffte Entwicklungsmöglichkeiten, welche die späten Lebensjahre bereithalten. Meine Alltagsgewohnheiten umkrempeln zu müssen entpuppte sich als spannendes Abenteuer, das ungeahnte Energien freigesetzt, mir entscheidende Einsichten ermöglicht und neue Perspektiven aufgezeigt hat.

Die Schilderung der Höhen und Tiefen dieses Erfahrungsprozesses und der Gedanken, die er ausgelöst hat, soll die

»Schrecken des Alters« etwas relativieren, diesbezügliche Ängste mildern und andere ermutigen, über die negativen Aspekte des Altseins hinauszublicken und möglichst frühzeitig Ausschau zu halten nach den Chancen *ihrer* späten Lebensjahre, damit sie ihnen zuversichtlicher entgegensehen können.

1

»Nein … nur das nicht! Doch nicht jetzt schon …«, dachte ich voller Entsetzen, als ich vor zwei Jahren mit der Idee konfrontiert wurde, das Haus, in dem ich seit sechzehn Jahren wohnte, in absehbarer Zeit an die nächste Generation weiterzugeben. »Nur nicht umziehen … auf gar keinen Fall!« Hatte ich nicht damals, als ich einzog, verkündet, das sei mein letzter Umzug gewesen, und – wie viele andere in ähnlicher Situation – die dumme Redensart hinzugefügt: »Hier bringt man mich nicht mehr weg – es sei denn mit den Füßen voran«?

Zuvor hatte ich dreizehn Jahre lang im Haus gleich nebenan gewohnt, anfänglich noch mit meinen heranwachsenden Kindern. Nachdem beide ausgezogen waren, wurde es für mich allein zu groß. Es war ein Glücksfall, dass unerwartet das kleine Nachbarhaus frei wurde, weil dessen Bewohner, ein älteres Ehepaar, beabsichtigten, in eine Alterswohnung zu ziehen. Es fiel Frau K. nicht leicht, das Haus zu verlassen, in dem sie geboren und aufgewachsen war und fast ihr ganzes bisheriges Leben verbracht hatte. Doch sie seien beide nicht mehr so gesund, es werde ihnen zuviel, die Treppen, der Garten … Sie führte mich durchs Haus, das mit dunklen Möbeln voll gestellt war und einen düsteren, verwohnten Eindruck machte. Es würde einer umfassenden Renovierung bedürfen, damit ich darin wohnen, arbeiten und mich wohlfühlen konnte.

Doch ich liebte es auf den ersten Blick. Es war wie für mich geschaffen, hatte genau die richtigen Maße zum Wohnen und Arbeiten. Dass es sanierungsbedürftig war, bot den Vorteil, dass ich nochmals einen Ort ganz nach meinen Vorstellungen einrichten und für die folgenden Jahre gestalten konnte. Dass ich dabei in der vertraut gewordenen Nachbarschaft bleiben konnte, war ein zusätzlicher und sehr bedeutender Vorteil. Von Anfang an hatte ich das Gefühl: Das ist *mein* Haus, mein Zuhause. Hier würde ich nicht mehr weggehen, es sei denn … die dumme Redensart eben.

Und jetzt das. Alles in mir sträubte sich dagegen. Sicher, es war von jeher ausgemacht, dass mein Sohn das Haus eines Tages übernehmen würde. Irgendwann einmal … später … nach meiner Zeit … aber doch nicht jetzt, nicht schon so bald. Sicher, gelegentlich hatte ich schon mit dem Gedanken gespielt: »Alles auf einer Etage, das wäre doch ganz schön, nicht ständig treppauf, treppab, keinen Garten mehr, ein Balkon genügt doch, den Alltag vereinfachen, mehr Zeit haben für das Wesentliche …« Konkret wurden solche Überlegungen nie, zu offensichtlich waren die Vorteile des eigenen Hauses – auch finanziell. Obwohl längst im Rentenalter, war ich nach wie vor beruflich engagiert (und bin es noch). Ich war zur Genüge ausgelastet, der Alltag sollte bequem und unkompliziert ablaufen. Umziehen müssen – das war eine Horrorvorstellung. Nun ja, irgendwann musste es ja vielleicht sein, später… aber doch nicht schon demnächst. Zu vieles hatte ich noch auf den Weg zu bringen in der mir verbleibenden Zeit. Das beanspruchte meine Energie voll und ganz. Ein Umzug kam nicht in Frage. Vielleicht später einmal … vielleicht.

Dann begann ich nachzudenken: Was hieß denn später?

Wann war das? In wie vielen Jahren? Und was bedeutete das für meinen Sohn und meine Schwiegertochter? Hatte dieses Haus in einer unbestimmten Zukunft für sie überhaupt noch einen Sinn? Sie waren Mitte dreißig und Anfang vierzig und fanden, es sei an der Zeit, irgendwo sesshaft zu werden. »Nach meiner Zeit« waren sie vielleicht bereits in einem Alter, in dem sie längst anderswo Wurzeln geschlagen und kein Interesse mehr an dem Haus haben würden. Schlagartig wurde mir bewusst: Ich musste umdenken.

Wer garantierte mir denn, dass ich wirklich bis zu meinem Lebensende in dem Haus wohnen bleiben konnte? Vielleicht würde es mir eines Tages doch zu viel werden, und dann *musste* ich, ob ich wollte oder nicht, anderswohin ziehen, vielleicht sogar ohne noch selber entscheiden zu können, wohin. Allmählich dämmerte mir: »Später« – das war *jetzt*. Jetzt war der richtige Zeitpunkt. Jetzt konnte ich die Veränderung noch selber in die Hand nehmen und nach meinen Wünschen gestalten. Diese Erkenntnis war ein Schock.

Wir müssen umdenken

Die demographische Entwicklung, von der so viel die Rede ist, kann nicht lediglich als »gesellschaftliches« Problem abgetan werden, für welches Lösungen zu finden Aufgabe der Experten ist. Sie hat ganz persönliche Konsequenzen für jeden einzelnen Menschen und erfordert von uns allen – ob jung oder alt – ein Umdenken in manchem, was seit Generationen als selbstverständlich angesehen wurde. Die bisher gebräuchliche Art und Weise des Generationenwechsels, zum Beispiel, hat sich überholt. Durch die lange Lebenserwartung wird eine vorgesehene Nachfolge häufig erst spruchreif, wenn es für die nächste Generation fast schon zu spät ist. Die Nachfolger sind dann manchmal schon selber im Pensionsalter oder stehen kurz davor. Wäre es nicht sinnvoller, Verantwortung oder Besitz der nächsten Generation zu einem früheren Zeitpunkt zu übergeben, nicht erst, wenn eigentlich fast schon die übernächste Generation im richtigen Alter dafür wäre? Tatsächlich gibt es in der Schweiz politische Vorstöße, die mit recht einleuchtenden Argumenten dafür plädieren, das Erbrecht zugunsten der Enkel abzuändern. Das sind bedenkenswerte Ideen, die den gewohnten Blickwinkel verändern.

Mein Leben war ausgefüllt mit dem, was ich tat, und manchem, was ich noch vorhatte oder was an mich herangetragen wurde. Ich war zufrieden, so wie es war. Ich brauchte keine Veränderung und wollte nicht aus den gewohnten Bahnen aufgescheucht werden. Es graute mir vor den Umtrieben, die ein Wechsel mit sich bringen würde: eine Wohnung suchen, den Umzug organisieren, räumen, aussortieren, packen müssen … nein! Ich wollte nicht, dass mein gut eingespielter Alltag durcheinander gewirbelt wurde. Ich war nicht bereit für den Rückzug aufs »Altenteil« – ausrangiert und abgeschoben. Das musste wirklich nicht sein … oder? Doch, es musste sein, und zwar bald. Es war sinnlos, mich dagegen zu sträuben und es weiter vor mir her zu schieben. Später würde es nicht leichter werden, im Gegenteil. *Jetzt* musste ich es anpacken, solange ich noch genügend Energie hatte und – wer weiß – einer Veränderung vielleicht auch noch positive Seiten abgewinnen konnte. Aber Rückzug aufs Altenteil, abgeschoben und ausrangiert – nein, das ganz bestimmt nicht. Ich begann, die Sache in die Hand zu nehmen.

2

Es war Sommer – die ruhigere Zeit des Jahres, in der es nicht so viele Verpflichtungen gibt. Diese Zeit wollte ich nutzen, denn im Herbst war der Terminkalender bereits wieder sehr voll. Ich hatte mir zwar für die Sommerwochen vorgenommen, so weit wie möglich mit der Rohübersetzung eines meiner Bücher zu kommen, die ich dem englischen Verlag Ende des Jahres abliefern sollte, doch in meiner Zeiteinteilung war ich frei. Ich begann mich nach Wohnungen umzusehen. Morgens beim Frühstück studierte ich die Anzeigen in der Zeitung, und am Computer durchforschte ich, bevor ich mich an die Arbeit machte, die entsprechenden Internetseiten. Rasch wurde klar: In Zürich und Umgebung waren Wohnungen zurzeit kaum zu bekommen oder unerschwinglich teuer. Ich musste andere Lösungen in Betracht ziehen. Meine Tochter war vor kurzem mit ihrer Familie nach acht Jahren Amerika in die Schweiz zurückgekehrt und wohnte jetzt in einem Dorf im Nachbarkanton, wo sie sich überraschend wohl fühlte. Im Scherz hatten wir schon mal mit dem Gedanken gespielt, wie es wäre, wenn ich auch dorthin ziehen würde. Doch ernst gemeint war das nicht. Mein Leben war in Zürich. Es gab keinen Grund, daran etwas zu ändern, sicher nicht in absehbarer Zeit. Vielleicht später einmal, wenn ich allein nicht mehr gut zurechtkommen würde … irgendwann, in einer fernen Zukunft könnte es vielleicht eine Option sein … vielleicht.

Jetzt war diese Option plötzlich sehr real und ernsthaft in Betracht zu ziehen. Wenn schon nicht mehr in Zürich, war es doch sinnvoll, in der Nähe meiner Tochter zu wohnen. Das hatte einiges für sich, weil dann manches einfacher wurde, nicht nur für mich, sondern auch für sie. Nicht weit von ihrem Dorf, und nur zwanzig Schnellzug-Minuten von Zürich entfernt, lag das Städtchen L. Dorthin hatte ich sogar eine lose Verbindung. Vor Jahren hatte ich einmal zufällig mit der dortigen Bank zu tun gehabt und war hängen geblieben, weil es dort – anders als bei den anonymen Großbanken in der Stadt – noch sehr persönlich zuging und Aufträge immer rasch und zuverlässig erledigt wurden. Herr R., der mit den lokalen Gegebenheiten bestens vertraut war, würde mir bestimmt mit Rat und Informationen behilflich sein.

Ich verlegte die Internetsuche auf den Nachbarkanton und entdeckte auf Anhieb ein verlockendes Angebot: eine Wohnung mit Dachterrasse, nicht weit vom Bahnhof L., der Preis durchaus im Rahmen. Ich ließ die Unterlagen kommen und vereinbarte einen Besichtigungstermin. Jetzt wurde es ernst. Ich studierte die Pläne und schob in Gedanken bereits Möbel hin und her, überlegte, wo ich mein Arbeitszimmer einrichten würde und wo das Gästebett hinkäme. Ich sah mich bereits in dieser Wohnung. Die Idee, noch einmal etwas Neues zu beginnen, mich auf ein anderes Umfeld einzulassen, zog mich allmählich in ihren Bann. Ich wurde neugierig auf das Abenteuer, das mir bevorstand.

Als meine Tochter zu Besuch kam, staunte sie nicht schlecht über die Neuigkeiten und über meine aufgeräumte Stimmung. Sie konnte es kaum fassen: »Du bist ja ganz verändert, erst eine Woche ist es her, da warst Du völlig verzweifelt und jetzt … du bist nicht wiederzuerkennen.« Tatsächlich hatte sich meine Befindlichkeit gewandelt, seitdem mir klar geworden war: »Der Zeitpunkt ist jetzt.« Ich hing mit meinen Gedanken nicht mehr dem nach, was ich verlassen musste, sondern schaute nach vorn, gespannt auf das Unbekannte, das da auf mich zukam. Gewiss, es gab viele wehmütige Momente: wenn ich morgens aus dem Fenster sah, in den Garten mit den wuchernden Rosenbüschen, hinter denen der nahe Zürichsee hervorschimmerte, wenn ich meine gewohnten Wege ging, meinen Alltagsbedarf in den seit Jahren vertrauten Läden einkaufte, bei schönem Wetter morgens im See schwamm, im Vorübergehen ein paar Worte mit langjährigen Nachbarn wechselte – all die kleinen gewohnten Geschehnisse des Alltags waren überschattet von dem Wissen: bald wird es das letzte Mal sein. Mir war sehr bewusst, dass ich im Begriff war, etwas Kostbares aufzugeben: eingebettet sein in jahrelang Vertrautes und Liebgewordenes, ein Gefühl der Geborgenheit, das sich nicht so bald – vielleicht nie mehr – wieder einstellen würde. Es fiel mir nicht leicht und es machte mir Angst. Doch ich spürte auch, wie sich Raum auftat für Neues, noch kaum Erahnbares. Der Abschied tat weh – und zugleich war der Aufbruch in unbekanntes Neuland faszinierend und belebend. Vielleicht war es gar nicht so abwegig, den Wohnsitz zu wechseln.

Zürich, die Stadt in der ich geboren bin und, bis auf wenige Jahre, fast mein ganzes Leben zugebracht habe, hatte sich in den letzten Jahren sehr verändert, war zur Party- und Eventstadt mutiert, hektisch und schrill, ständig war etwas los, herrschte Trubel und Gedränge. Zwar wusste ich es zu schätzen, dass die Stadt lebendiger und weltoffener geworden war als früher, doch inzwischen war der Bogen überspannt. Sie hatte – jedenfalls für mich – viel von ihrer Lebensqualität eingebüßt. Auch in meinem Leben hatte sich manches verändert in den sechzehn Jahren seit meinem letzten Umzug. Damals hatte ich bereits zu schreiben begonnen, das Manuskript für mein erstes Buch lag fertig in der Schublade. Doch ein Verlag, der sich dafür interessiert hätte, war nicht in Sicht. Im Zentrum meiner Arbeit stand nach wie vor meine psychotherapeutische Praxis, für die ich mir im neuen Haus einen sehr angenehmen Raum eingerichtet hatte.

Dann – im Jahr nach meinem sechzigsten Geburtstag – wurde mein erstes Buch doch veröffentlicht. Das war eine Wende in meinem Leben, die ganz neue Perspektiven eröffnete. Manchmal schien es mir fast, als hätte ich eine neue Identität bekommen. Ich war jetzt Autorin. Bald schrieb ich ein zweites Buch, das einige Beachtung fand und mir Einladungen zu Vorträgen, Fortbildungen und Seminaren im In- und Ausland eintrug – spannende neue Herausforderungen, die mich zum Weiterdenken anregten, auf neue Ideen brachten und zum Schreiben weiterer Bücher veranlassten. All das wurde mehr und mehr zum Mittelpunkt meiner Arbeit. Ich entdeckte, wie viel Freude mir das Schreiben macht, und wunderte mich, dass ich nicht schon viel früher damit angefangen hatte.

Mit Büchern hatte ich schon immer zu tun gehabt. Vor meinem späten Psychologiestudium war ich – in einem anderen Leben, wie es mir jetzt erschien – viele Jahre für verschiedene Verlage tätig gewesen, hatte aus dem Englischen und Französischen übersetzt – Belletristik, Theaterstücke, Kinder- und Jugendbücher – und gelegentlich einzelne Lektorate übernommen. Auf die Idee, selber zu schreiben, kam ich nie, und wenn, zog sie höchstens wie eine flüchtige Wolke an mir vorbei, die gleich wieder verschwand. In meiner Familie war ich von Schreibenden umgeben: Mein Mann, später meine Tochter, dann mein Sohn – alle schrieben Bücher. Vielleicht hielt mich das unbewusst davon ab, es auch zu tun. Schreiben, das war für die anderen. Ich konnte Texte redigieren, Anregungen geben, mich in Denken, Empfinden und Sprachduktus anderer Autoren einfühlen und beim Übersetzen deutsche Formulierungen aufspüren, die diese bestmöglich wiedergaben – da war ich in meinem Element. Doch selber schreiben, nein, das konnte ich nicht. Allerdings – das hatte ich jahrelang vergessen und es fiel mir merkwürdigerweise erst wieder ein, nachdem mein erstes Buch erschienen war – hatten mir früher immer mal wieder verschiedene Leute nahe gelegt, ein Buch zu schreiben. Eine Verlegerin hatte mir einmal sogar symbolisch ein Zehnpfennigstück überreicht, um sich die Option auf mein erstes Buch zu sichern. Doch das alles war wohl eher scherzhaft gemeint, jedenfalls hatte ich es nie ernst genommen. Ich hätte auch gar nicht gewusst, worüber ich schreiben sollte. Dass ich etwas zu sagen habe und dass andere Menschen interessiert, was ich sage, habe ich erst spät im Leben entdeckt.

Die neuen beruflichen Herausforderungen und Verpflichtungen, die sich aus den Büchern ergeben: Einladungen zu Vorträgen, Seminaren und Fortbildungsveranstaltungen, sind häufig mit Reisen verbunden und machen mir viel Freude. Es ist spannend, durch meine Arbeit bisher unbekannte Orte kennen zu lernen und andere, die ich von früher kenne, auf ganz neue Weise zu erleben. Es ist ein schönes Gefühl, an so vielen Orten Menschen zu treffen, die von mir etwas erfahren und übernehmen möchten. Doch die Reiserei ist manchmal mühsam, kostet Zeit und Kraft, besonders wenn es an Orte geht, die nur auf Nebenstrecken und nach mehrmaligem Umsteigen zu erreichen sind.

Nicht die Arbeit selber, aber manche Begleitumstände wurden mir zunehmend zur anstrengenden Belastung. Fast immer musste ich unter Zeitdruck reisen und fühlte mich gehetzt, denn die Arbeit in meiner Praxis erlaubte keine längeren Abwesenheiten. Das zehrte an meinen Kräften. Deshalb beschloss ich vor einiger Zeit – inzwischen hatte ich bereits den siebzigsten Geburtstag hinter mir – die Praxis auslaufen zu lassen und keine neuen Klienten mehr anzunehmen. So wichtig mir meine therapeutische Arbeit war: es gibt genügend andere, die das genauso gut können. Mein Schreiben hingegen und was ich in meinen Büchern und Seminaren vertrete, ist etwas ganz Eigenes, das ich selber am besten vermitteln kann und es tun sollte, solange ich noch kann. Nach und nach schlossen alle meine Klientinnen und Klienten ihre Therapien ab, bis auf einen jungen Mann mit geistiger Behinderung, der unbedingt weitermachen wollte. Wie viele seinesgleichen brauchte er die konstante Sicherheit des regelmäßigen Gesprächs, das, was ich in meinem Buch »Brücken bauen«[1] als »therapeutische Begleitung« bezeichne und wofür entsprechende Angebote leider bisher weitgehend fehlen. Ihn konnte ich jedoch, mit seinem Einverständnis, guten Gewissens an eine kompetente Kollegin weitervermitteln.

Ein gewichtiges Argument gegen den Wohnortwechsel war hinfällig geworden: Auf die Praxis brauchte ich keine Rücksicht mehr zu nehmen.

3

Die Wohnung in L. gefiel mir ausnehmend gut. Meine Tochter, die mich bei der Besichtigung begleitete, war ebenfalls sehr angetan. Es war eine Art Penthouse, großzügig, geräumig, die Dachterrasse wunderbar. Der Blick auf zwei »Wahrzeichen« des Ortes faszinierte mich: auf der einen Seite das Schloss auf dem Hügel, auf der anderen das Signet einer weit herum bekannten Konservenfabrik. Allerdings, die Wohnung war zweistöckig, der große Wohnraum mit der Terrasse und die Küche lagen im oberen Geschoss. Der Lift ging nur bis zur unteren Etage, nach oben führte eine ziemlich steile Treppe, die meinen Knien nicht sonderlich behagte. Über diese Treppe musste alles hinaufgetragen werden, was für den täglichen Bedarf gebraucht wurde. Nicht, dass ich das nicht mehr geschafft hätte. Aber war das mit Blick auf die Zukunft klug? Meine Tochter versuchte meine Bedenken zu zerstreuen: »Wir kommen einfach einmal in der Woche vorbei und tragen Dir alle schweren Sachen hoch.« Doch das erschien mir nicht sehr realistisch. Wie bald würde ihnen das lästig werden, ganz abgesehen davon, dass sie häufig unterwegs sind. So abhängig wollte ich mich nicht machen. Aber vielleicht ließ sich das Problem irgendwie anders lösen, mit einem Warenaufzug oder so … ich sah mich eigentlich schon dort wohnen. Trotzdem bat ich mir Bedenkzeit aus. Denn da war noch ein anderer Nachteil: die Lage des Hauses zwischen Autobahn auf der einen und Bahngeleisen auf der anderen Seite. Das gab mir zu denken. Obwohl: an die Bahn gewöhnte man sich, das wusste ich aus Erfahrung, und auf der Autobahnseite lagen nur Bad, Küche und Essplatz. Zudem versicherte die Maklerin, dass demnächst an der Autobahn Lärmschutzwände gebaut würden. Ich war eigentlich sicher, dass ich zusagen würde.

Der hilfsbereite Herr von der Bank runzelte die Stirn, als ich ihm die Wohnung beschrieb, und wies mich darauf hin, dass auf dieser Bahnstrecke die ganze Nacht Güterzüge vorbeidonnerten. Er gab mir Adressen von anderen Immobilienfirmen und riet mir, mich noch weiter umzusehen, bevor ich mich entschied. Das tat ich auch – mehr aus Vernunft, um mir nachher keine Vorwürfe machen zu müssen. Innerlich war ich bereits ziemlich fest entschlossen, mich mit den Nachteilen dieser Wohnung irgendwie zu arrangieren. So etwas Schönes würde ich nie mehr finden, da war ich mir sicher. Doch siehe da: Eine der Wohnungen, die ich gewissenhaft besichtigte, obwohl ich aufgrund der Unterlagen eigentlich nicht gedacht hätte, dass sie in Frage käme, überzeugte mich wider Erwarten genauso. Sie war noch im Rohbau, nicht so originell wie die andere, hatte dafür aber einige wesentliche Vorteile: alles auf einer Etage, Lift, großzügiger Grundriss, ruhige Lage, Bushaltestelle, Bäcker und Lebensmittelladen mit Postagentur in nächster Nähe. Beim Innenausbau konnte manches noch selber bestimmt werden, zudem war die Wohnung um einiges preisgünstiger als die andere. Sie lag in einer neuen, teilweise noch im Bau befindlichen Überbauung, nicht im Städtchen selber, sondern in der direkt angrenzenden Gemeinde, zu Fuß zehn Minuten, mit dem Bus zwei Haltestellen vom Bahnhof L. entfernt. Die Wohnung befand sich in einem der mittleren Häuser der Siedlung, was den Vorteil hatte, dass sie nicht direkt an der Straße lag. Der Blick war hier natürlich nicht so frei wie bei der anderen. Doch immerhin konnte ich über dem vorderen Haus den Dorfberg aufragen sehen mit dem Wahrzeichen des Ortes, einer hübschen kleinen Kirche aus dem 15. Jahrhundert.

Wieder war ich im Grunde bereits entschlossen, doch zur Sicherheit wollte ich beide Wohnungen nochmals mit meiner Tochter und ihrem Mann besichtigen und auch ihre Meinung dazu hören. Genau wie sie war mein Schwiegersohn begeistert von dem Penthouse: »Eine Superwohnung. Die musst du nehmen.« Doch als wir später in der anderen standen, waren die beiden zu meiner Überraschung ebenfalls sehr angetan und fanden das sei durchaus eine Alternative, die einiges für sich habe. Vernünftiger war sie ohnehin. Ich sagte zu. Der Vertrag wurde unterschrieben, Bezugstermin Anfang Dezember. Die Würfel waren gefallen.

Von meinem Sohn, der auf einer Fahrradtour war, kam ein Brief. Es war ihm klar geworden, wie schwer es mir fiel, von dem Haus wegzugehen. Ich sollte mir keine Gedanken mehr machen, sondern bleiben, so lange ich wollte. Sie würden eine andere Lösung finden. Das tat gut, weil es mich von jeglichem Druck befreite. Nun war es ganz klar meine eigene, freie Entscheidung. Mein Sohn staunte nicht schlecht, als er bei seiner Rückkehr den neuen Stand der Dinge erfuhr. Es ging ihm jetzt fast zu schnell. Doch nachdem sich die erste Verblüffung gelegt hatte, war die Freude groß. Bald wurden seine Frau und er ebenfalls vom Einrichtungsfieber gepackt. Sie kamen die Räume im Haus ausmessen, überlegten, was sie wo hinstellen würden, und deponierten ein neues Sofa im Keller, das sie im Ausverkauf günstig erstanden hatten.

4

Es war ein merkwürdiger Sommer in jenem Jahr: Ein paar Tage heiß, dann wieder ein paar Tage kühl, so ging das ständig hin und her. Ich sah zu, dass ich mit meiner Übersetzung vorankam. An schönen Tagen ging ich, wie jeden Sommer, morgens im nahen Zürichsee schwimmen und lebte im übrigen meinen gewohnten Alltag. Doch meine Gedanken und Gefühle kreisten um den bevorstehenden Umzug. Über allem lag jetzt der Schatten des Abschiednehmens, das Wissen darum, dass es der letzte Sommer war, den ich so verbrachte. Zum letzten Mal pflückte ich die Aprikosen vom Spalier vor dem Haus, zum letzten Mal kochte ich meine (wie ich finde) besonders gute Aprikosenkonfitüre. Viele kleine Abschiede überzogen den Sommer mit einem Schleier von Melancholie.

Im Spätsommer starb der Aprikosenbaum, der so alt war wie das 1913 erbaute Haus. Seine Zeit war um. Der Gärtner hatte schon eine Weile damit gerechnet und sich Jahr für Jahr gewundert, dass er immer wieder Früchte trug. Es berührte mich sehr, dass der Baum gerade jetzt starb, da auch meine Zeit hier zu Ende ging. Es waren wehmütige, aber auch sehr intensive Wochen. Im Licht des bevorstehenden Abschieds bekamen die kleinen, selbstverständlichen Dinge des Alltags deutlichere Konturen und kräftigere Farben. Ich war traurig, dass ich manches, was mir liebgeworden war, zurücklassen musste, und zugleich freute ich mich auf das Neue, das vor mir lag. Zwei bevorstehende Veränderungen machten mir besonders zu schaffen: den See nicht mehr in der Nähe zu haben und meinen langjährigen Hausarzt aufgeben zu müssen. Für alles andere ließen sich Lösungen finden, aber das waren in meinen Augen zwei unersetzliche Verluste, und beinahe ein Grund, den Entschluss zu bereuen.

Termine mit verschiedenen Handwerkern und Lieferanten waren angesagt: Badezimmerzubehör, Kücheneinrichtung, Bodenbeläge, Türbeschläge und vieles andere mehr musste ausgewählt und entschieden werden – unglaublich, aus wie vielen Details so eine Wohnung besteht! Das war ziemlich anstrengend und beschwerlich, denn die Firmen lagen zum Teil an abgelegenen Orten und waren ohne Auto nur schwer zu erreichen.

Das Auto und den Führerschein hatte ich schon im Jahr zuvor abgegeben. Auch so eine Veränderung, über die manche Leute den Kopf schüttelten. Vor allem die Gleichaltrigen reagierten verständnislos bis entrüstet. Manche schienen mir diesen Entschluss regelrecht übel zu nehmen, so als würde ich damit ihre eigene Fahrtüchtigkeit in Frage stellen. Jüngere hingegen hießen meine Entscheidung mehrheitlich gut, ja bewunderten sie sogar. Für mich war sie richtig. Schon vor Jahren hatte ich mir vorgenommen, mit siebzig das Autofahren aufzugeben. Ich wollte nicht warten, bis etwas passierte. Dass die Reaktionen langsamer werden, dass komplexe Situationen nicht mehr so rasch überblickt werden können wie in jüngeren Jahren, wird wohl jeder alternde Mensch bei sich feststellen, wenn er ehrlich ist. Mit siebzig schaffte ich es dann doch noch nicht und setzte mir fünfundsiebzig als allerletzte Grenze. So lange sollte es nicht mehr dauern. Als meine Tochter mit ihrer Familie aus Amerika zurückkam und sie ein Auto brauchten, war der richtige Moment da, um meinen Vorsatz in Tat umzusetzen. Ich gab mein Auto an sie weiter.

Kein Auto mehr zu haben, empfand ich nicht nur als Verlust, sondern auch als Befreiung: nie mehr einen Parkplatz suchen müssen, nie mehr an Winterreifen und ähnliches denken, Verkehrsmeldungen ließen mich kalt. Natürlich war die Umstellung am Anfang nicht einfach. Noch schnell im Vorbeifahren etwas erledigen, einen kleinen Umweg machen, um Sachen von der Reinigung zu holen oder in einem bestimmten Laden etwas einzukaufen – das ging jetzt nicht mehr. Alles musste anders geplant und die Wege aufeinander abgestimmt werden, Großeinkäufe waren nicht mehr möglich, da hätte ich viel zu schwer tragen müssen. Ich musste mich ganz neu organisieren. Gut, dass ich diesen Schritt gemacht habe, solange mir das Umdenken noch nicht allzu schwerfiel.

Aufhören erwies sich als genauso anspruchsvoll wie Auto fahren – nur war es wesentlich weniger gefährlich. In meinem Bekanntenkreis hatte ich gleich mehrere schlechte Beispiele von Menschen, die im Alter Unfälle verursachten und nicht einsichtig genug waren, daraus die Konsequenzen zu ziehen. Das wollte ich unbedingt vermeiden.

Seine Grenzen rechtzeitig erkennen

Wir dürfen vor unseren abnehmenden Fähigkeiten nicht die Augen verschließen, sonst verbauen wir uns die Mög-

lichkeit, gut damit leben zu können, und die Beeinträchtigungen haben uns im Griff, anstatt wir sie.
Das Autofahren scheint in dieser Hinsicht ein besonders heikler Punkt zu sein. Wie vor ein paar Jahren aus Umfragen hervorging, empfindet ein großer Teil alter Menschen den Verzicht aufs Auto als die schlimmste aller Einschränkungen, mit denen sie sich im Alter abfinden müssen. Diese Abhängigkeit, die da zu Tage tritt, ist erschreckend und gibt zu denken. So weit darf es nicht kommen. Wir dürfen unsere abnehmenden Fähigkeiten nicht erst zur Kenntnis nehmen, wenn wir ihnen völlig ausgeliefert sind. Wir müssen uns frühzeitig mit ihnen auseinandersetzen, solange wir noch in der Lage sind, uns neu zu organisieren und Mittel und Wege zu finden, um den Verlust auf andere Weise ein Stück weit auszugleichen.
Mit zunehmendem Alter wird es immer schwieriger, gewohnte Bilder von sich selbst aufzugeben und die anzunehmen, die *jetzt* der Realität entsprechen. Der Verlust von bisher selbstverständlichen Fähigkeiten verunsichert uns in unserem Identitätsgefühl, deshalb neigen wir dazu, Erklärungen lieber anderswo als bei uns selber zu suchen. Das ist Augenwischerei. Wir müssen uns einen Ruck geben, das alte Bild loslassen und erkennen, wie es um unsere Fähigkeiten wirklich steht.

»Nein, ich bin nicht langsamer als früher; nein, ich höre noch sehr gut, aber die Schauspieler im Theater nuscheln so heutzutage; wenn ich manchmal etwas vergesse oder durcheinander bringe, dann ist das, weil wir mit viel zu viel Informationen überschwemmt werden«, solches und ähnliches bekomme ich von Gleichaltrigen immer wieder zu hören. Da frage ich mich dann manchmal schon, ob ich eigentlich die Einzige bin, bei der sich das Alter deutlich bemerkbar macht? Gewiss hat die Sprechkultur im Theater nicht mehr denselben Stellenwert wie vor fünfzig Jahren (durchaus nicht nur zu seinem Nachteil), und ohne Frage sind wir ständig einer kaum zu bewältigenden Flut von Informationen ausgesetzt. Doch das ändert nichts an der Tatsache, dass ich eindeutig nicht mehr so gut höre wie noch vor ein paar Jahren, immer vergesslicher werde, mich häufiger irre und meine Fehlleistungen zunehmen. Ich bin mir dieser Tatsache bewusst, bemühe mich, die nötigen Konsequenzen zu ziehen, und komme auf diese Weise ganz gut zurecht.

Für die Besprechungen bei den verschiedenen Firmen war ich also auf öffentliche Verkehrsmittel angewiesen. Natürlich waren es immer die heißen Tage, an denen sie stattfanden und ich mit Zug, Vorortbahn und meistens noch ein Stück zu Fuß unterwegs war. Das war ziemlich mühsam, doch das Auswählen machte großen Spaß. Ich habe immer gerne Wohnungen und Häuser eingerichtet, ob in der Realität oder in der Phantasie. Kaum jemals habe ich mich in irgendeiner Behausung aufgehalten, ohne mir vorzustellen, wie ich mich darin einrichten würde. Jetzt waren konkrete Entscheidungen zu treffen. Einiges wollte ich wieder genauso haben wie bisher: weiße Kacheln im Badezimmer, die Kücheneinrichtung weiß und mit Granit abgedeckt. Granit war ohnehin vorgesehen, und von den vielen Mustern, die mir vorgelegt wurden, griff ich auf Anhieb eines heraus: Das musste es sein. Wie sich nachher herausstellte, hatte ich wieder genau dieselbe Sorte gewählt wie schon vor sechzehn Jahren – damals wie jetzt auf den ersten Blick, ohne zu zögern und ohne eine andere auch nur in Betracht zu ziehen. Bei anderen Dingen ließ ich mich von Neuerungen verlocken, die inzwischen entwickelt worden waren, und freute mich darauf, ihre Vorzüge nutzen zu können. Die Verkäufer waren umständlich und ließen sich viel Zeit. Sie schienen davon auszugehen, dass auch ich unbegrenzt Zeit hatte, und wunderten sich, dass ich so rasch entschlossen war, mir nicht alles erst noch überlegen und dann noch einmal vorbeikommen wollte – oder sogar mehrmals, wie andere das angeblich taten.

Amüsiert stellte ich fest, dass die jungen Verkäufer manches ausdrücklich empfahlen, was uns schon in den fünfziger Jahren gefallen hatte und wofür wir damals noch schief angeschaut wurden. Jetzt bemerkte einer von ihnen anerkennend zu meiner Auswahl: »Sie haben denselben Geschmack wie ich. Das ist selten bei älteren Leuten.« Damals hingegen, in unserer ersten – nach unserem Dafürhalten sehr schön eingerichteten – Wohnung hatte sich ein Handwerker, der etwas reparieren sollte, kopfschüttelnd umgesehen und dann wohlwollend gemeint: »Na ja, wenn Sie erst mal fertig eingerichtet sind, wird das hier ganz nett!« Anscheinend habe ich mich mit zunehmendem Alter dem »mainstream« angeglichen, beziehungsweise gehört das, was uns in jungen Jahren als fortschrittlich und unprätentiös beeindruckt und gefallen hatte, inzwischen zum »mainstream«.

5

Im Herbst hatte ich ungewöhnlich viel zu tun. Den ganzen Oktober und November war ich praktisch ununterbrochen unterwegs. Den Umzug hatte ich für Anfang Januar geplant, damit ich die Feiertage noch für die letzten Vorbereitungen nutzen konnte. Ich kontaktierte eine Umzugsfirma, die mir von verschiedenen Leuten wärmstens empfohlen worden war. Der Chef kam vorbei, redete viel, zeigte mir Bilder von seinen diversen Möbelwagen und einem Kran, auf den er besonders stolz war. Mit dem würde er alles über den Balkon hieven können und dadurch weniger Leute brauchen. Ich wies ihn darauf hin, dass das kaum möglich sein werde, da auf dieser Seite des Hauses noch eine Baustelle war. Er versprach, sich an Ort und Stelle ein Bild zu machen. Obschon mir sein Geschwätz auf die Nerven ging, vertraute ich den Empfehlungen der Bekannten, die mit dieser Firma angeblich die besten Erfahrungen gemacht hatten. Als Termin wurde der 3./4. Januar festgesetzt. Danach kümmerte ich mich vorerst um nichts mehr, was mit dem bevorstehenden Umzug und der neuen Wohnung zu tun hatte. Erst im Dezember würde ich dafür wieder Zeit finden. Meine Tochter wollte mir dann beim Räumen, Aussortieren und Einpacken helfen, auch bei ihr war es im Dezember ruhiger.

Am 30. November konnte ich die Wohnung übernehmen. Anfang Dezember hatte meine Tochter einen Unfall. Der komplizierte Fußknöchelbruch, den sie sich dabei zuzog, erforderte einen längeren Krankenhausaufenthalt. Anschließend würde sie noch für eine ganze Weile nicht mobil sein. Solange der Bruch nicht ganz verheilt war, durfte sie weder Auto fahren noch öffentliche Verkehrsmittel benutzen – das Risiko sei zu groß, befanden die Ärzte. Mit ihrer Hilfe war also nicht mehr zu rechnen. Ich hatte im Gegenteil ein schlechtes Gewissen, dass ich *ihr* nicht mehr helfen konnte. Alleine stand ich vor einem ziemlich großen Berg, der zu bewältigen war, und fühlte mich einigermaßen überfordert. Rührenderweise hatten unabhängig voneinander gleich zwei Freundinnen meiner Tochter angeboten, mir mal einen Nachmittag lang zu helfen. Fast noch wichtiger als ihre praktische Hilfe war für mich, dass für ein paar Stunden jemand da war. Es tat gut, nicht immer nur alleine vor diesem Berg zu stehen. Doch sie konnten natürlich nicht wie meine Tochter beim Aussortieren mitentscheiden, weil es ja auch darum ging, ob sie eventuell etwas davon übernehmen wollte. Mein Sohn machte sich ebenfalls einen Tag frei, um mir zu helfen. Er mietete einen Kombi, mit dem wir allen möglichen Kleinkram, der schwer zu verpacken war, schon mal vorweg in die neue Wohnung transportieren konnten. Sie gefiel auch ihm auf Anhieb.

Alle redeten mir gut zu, nicht so viel selber zu machen, sondern alles der Umzugsfirma zu überlassen, auch wenn es etwas mehr kostete, wichtig sei, dass ich es ruhig nehmen könne. Das war ganz in meinem Sinn, doch manches musste ich eben doch selber machen. Zum Beispiel hatte ich gerade noch rechtzeitig gemerkt, dass meine Büchergestelle für die neue Wohnung zu hoch waren. Sie mussten gekürzt werden und ich musste eine Schreinerei finden, die bereit war, das vor dem Umzug zu machen, das hieß: noch vor den Feiertagen, aber möglichst spät, damit ich nicht allzu lange zwischen den gepackten Kartons leben musste. Tatsächlich war eine Schreinerei ganz in der Nähe bereit, die zu kürzenden Teile am 20. Dezember morgens um acht abzuholen und mittags gegen eins wieder zurückzubringen. Besser hätte ich es nicht treffen können. Doch es bedeutete, dass bis dahin die Gestelle ausgeräumt und auseinander genommen und die Bücher verpackt sein mussten. In diesem Zeitraum war von der Umzugsfirma niemand verfügbar, ich musste es also selber anpacken. Allein war das nicht zu machen, und so war ich sehr froh, dass mein Schwiegersohn seine Hilfe anbot. Gemeinsam schafften wir es an einem Vormittag. Nun standen überall Kartons herum, unglaublich wie Bücher sich ausdehnen, sobald man sie aus den Gestellen nimmt.

Es war noch manches zu tun. Meine Tochter ermahnte mich zwar immer wieder: »Mach nicht so viel, überlass das den Profis!« Doch um das zu können, musste ich mir erst einmal einen Überblick verschaffen und sortieren: Was bleibt hier, was muss entsorgt werden, was kommt mit? Also räumte ich hin und her, klebte farbige Etiketten an Möbel und Kartons, kopierte den Wohnungsplan und bezeichnete jedes Zimmer mit der entsprechenden Farbe. Zum Schluss war ich von der Schufterei völlig erschöpft, aber auch recht zufrieden mit dem, was ich hingekriegt hatte. Für die Umzugsleute war alles gut vorbereitet, ihnen blieb noch die Küche und den Inhalt der Wandschränke zu verpacken.

Weihnachten kam, wir feierten bei der Familie meiner Tochter. Ich war so müde, dass ich mich nach dem Essen aufs Sofa legen musste und den Rest des Abends wie durch einen Schleier mitbekam. Eigentlich gar keine schlechte Position: so ein bisschen am Rande, aber doch mit dabei. Passt ganz gut zur Rolle der Großeltern-Generation.

An den Rand rücken

Vielen alten Menschen macht es zu schaffen, dass sie im Familienkreis immer mehr in eine Randposition rücken. Selbst wenn sie (was nicht immer der Fall ist) bei ihren erwachsenen Kindern weiterhin herzlich willkommen sind und auch von deren Freunden gern gesehen werden, finden sie oft keinen Zugang zu den Themen der Jüngeren und können sich nicht an den Gesprächen beteiligen. Was ihnen selber am Herzen liegt und was sie zu sagen haben, wird wohl freundlich zur Kenntnis genommen, aber es interessiert die Jüngeren meist nicht wirklich. So abseits zu stehen ist eine irritierende Erfahrung, denn in früheren Jahren war das ganz anders. Es braucht einige Zeit, um die veränderte Situation zu realisieren, und es gelingt nicht auf Anhieb, sich darauf einzustellen. Unwillkürlich fällt man in gewohnte Muster zurück und ist nicht darauf gefasst, damit gelegentlich Befremden hervorzurufen. Das zu merken tut weh – obschon es eine ganz natürliche Rollenverschiebung ist, die nichts mit Abwertung zu tun hat, sondern einfach zum Altwerden gehört. Die Zeiten ändern sich und damit die Lebensumstände. Für jede Generation verschieben sich die Schwerpunkte, stehen neue Themen im Vordergrund, die andere Blickwinkel erfordern. Nicht dass die Meinung der älteren Generation überhaupt nicht mehr gefragt wäre, sie ist manchmal sogar ausdrücklich erwünscht, doch eher in einem ruhigen Gespräch zu zweit oder zu dritt als im größeren Kreis. Als alter Mensch sollte man seine Meinung nicht unbedingt in jeder Situation ins Spiel bringen wollen, sondern nur dann, wenn sie wirklich gefragt ist. Dann wird sie mit Sicherheit sehr geschätzt.

Der Platz am Rande des Geschehens hat durchaus seinen Reiz, wenn man sich erst einmal daran gewöhnt hat: dabei sein, teilnehmen, sich seine Gedanken machen, aber nicht unbedingt Stellung nehmen müssen – das fügt sich doch sehr passend ins Lebensgefühl der späten Jahre und ist eigentlich eine sehr angenehme Position.

Man muss in dieser sich rasch verändernden Welt nicht mehr unbedingt alles verstehen wollen. Es gehört zum Altwerden, nicht mehr bei allem mitkommen zu können, was jüngere beschäftigt – und es auch nicht zu müssen. Die Jugend sieht manches anders. Dass mir ihre Sichtweise fremd ist und vielleicht nicht gefällt, heißt noch lange nicht, dass sie schlecht ist.

Viele Neuerungen sind durchaus brauchbare Errungenschaften, auch für alte Menschen. Welche man nützen will und welche nicht, muss man selber herausfinden. Für mich, zum Beispiel, war der Computer eine Entdeckung, ohne die ich mir mein Leben nicht mehr denken könnte. Doch ich nutze längst nicht alles, was er zu bieten hat.

Das Mobiltelefon ist eine sehr nützliche Erfindung, gerade für alte Menschen, doch sie werden nicht sämtliche Funktionen brauchen, die immer wieder neu dazukommen. Wichtig ist, dass man nicht alles, was ungewohnt ist, von vornherein ablehnt, sondern es sich erst einmal anschaut und prüft, ob man es nicht vielleicht gut brauchen könnte. »Früher war alles besser« ist keine gute Einstellung, sie hat uns schon bei unserer Elterngeneration genervt, und wir sollten uns davor hüten, jetzt selber in sie zu verfallen.

6

Die Feiertage waren vorbei, die letzten Vorbereitungen getroffen. Der 3. Januar war da. Frühmorgens standen die Packer vor der Tür. Ich zeigte ihnen – ein wenig stolz –, wie übersichtlich ich alles für sie geordnet hatte. Sogar meine Schwiegertochter, selber ein wahres Genie im Packen und Aufräumen, war beeindruckt: »Das hast du ja toll gemacht!« Sie kam mich mit dem Auto abholen, um mich nach L. zu fahren. Mein Teil hier war getan, jetzt überließ ich das Feld der Umzugsfirma. Sie würde den Rest einpacken, die Möbel aufladen und am nächsten Morgen alles an den neuen Wohnort transportieren. Der geschwätzige Chef fing gleich an mit meiner Schwiegertochter zu palavern, jammerte ihr vor, wie unglaublich viel es hier zu packen gebe … nun ja, dass er ein Schwätzer war, wusste ich bereits, aber er würde seine Sache sicher gut machen. Jedenfalls hatten mir das alle versichert, die schon einmal mit ihm umgezogen waren.

Wir packten das Auto voll mit Sachen, die wir vorweg in die Wohnung bringen wollten. Die Nachbarin hatte uns vom

Fenster aus gesehen und kam herüber, um sich von mir zu verabschieden und mir alles Gute zu wünschen. Dann fuhren wir los, die Südstrasse hinunter, in der ich fast 30 Jahre gelebt habe und durch die ich so oft gegangen war. Meine Schwiegertochter staunte, dass ich mich nicht umdrehte und zurückschaute. Nein, ich blickte nach vorn, die Sinne auf das gerichtet, was jetzt kam. Abschied hatte ich den ganzen Sommer lang genommen. Jetzt ging die Fahrt einem neuen – wohl dem letzten – Kapitel meines Lebens entgegen.

Nachdem wir die Sachen in die neue Wohnung gebracht und den Wandschrank im Flur eingeräumt hatten, fuhren wir nach L. in die »Krone«, wo ich übernachten würde. Nach dem Mittagessen machte sich meine Schwiegertochter auf den Heimweg. Ich genoss es, nach den anstrengenden vergangenen Tagen einen ruhigen Nachmittag in einem angenehmen Hotel zu verbringen, ohne irgendetwas zu müssen. Nach einem Mittagschläfchen bummelte ich durch das Städtchen, machte ein paar Besorgungen, und ging dann im Hallenbad des Hotels schwimmen. Abends kam meine Tochter mit ihrer Familie, wir ließen uns das vorzügliche Essen in der »Krone« schmecken und stießen auf meinen Neuanfang an. Der Umzug am nächsten Tag fiel mit dem dreizehnten Geburtstag meines jüngeren Enkels zusammen. Den wollten wir gegen Abend, wenn die Umzugsleute weg waren, mit einem improvisierten Picknick in der neuen Wohnung feiern, zusammen mit den anderen Großeltern. Wein hatte ich bereits im Keller. Um den Rest wollten sich die Jungen kümmern. Ich schlief tief und gut. Am nächsten Morgen fuhr ich nach dem Frühstück mit dem Taxi zur neuen Wohnung.

Was dann kam, war eine einzige Katastrophe. Die so warm empfohlene Firma versagte auf der ganzen Linie. Zunächst einmal geschah gar nichts. Ich wartete und wartete in den leeren Räumen. Zum Glück hatten wir gestern bereits einen

Klappstuhl mitgebracht, für alle Fälle, so konnte ich mich wenigstens hinsetzen. Gegen elf hätten die Umzugsleute da sein sollen. Es war fast zwei, als sie mit den ersten Kartons eintrudelten. Bis auf einen war keiner von den Männern am Vortag beim Einpacken dabei gewesen. »Wohin das, Frau?«, fragte der Erste fröhlich. Ich zeigte ihm den orangefarbenen Aufkleber: »Ins Arbeitszimmer, es ist auf dem Plan orange bezeichnet.« Ein Schweizer, der als Einziger bereits beim Packen dabei gewesen war und am ehesten so etwas wie den Überblick zu haben schien, teilte mir daraufhin mit, dass der Chef eben leider den Plan zuhause vergessen habe. Nun ja ..., so viele Zimmer waren es ja nicht. Also zeigte ich ihnen an Ort und Stelle, welche Farbe wohin gehörte. Vergeblich. Ein Karton nach dem anderen wurde herbeigeschleppt und bei jedem gefragt: »wohin?« Die farbigen Aufkleber wurden konsequent ignoriert. Meine umsichtige Vorbereitung war umsonst gewesen, die Mühe hätte ich mir sparen können.

Es ging unglaublich langsam voran, immer wieder waren die Männer für zehn Minuten und länger verschwunden. Dann kam mal wieder einer mit einem Karton, dann ein anderer mit einem Bild. Jedes Stück wurde einzeln gebracht, obwohl es viel einfacher gewesen wäre, zuerst einmal den Lift voll zu packen und dann eine ganze Fuhre auf einmal hochzubringen. Die Männer, ein Kroate, ein Sachse und zwei Schweizer, von denen einer ziemlich abwesend wirkte, waren sehr freundlich und beflissen, aber alles andere als professionell. Sie stritten sich darüber, wie man schwere Teile richtig anpackte. Der eine sagte: »Du musst es so anfassen«, der andere: »Nein, da habe ich Angst, ich mache es lieber so.«

Erst später dämmerte es mir: Die Leute, die sonst für die Firma arbeiteten, waren vermutlich über die Feiertage nachhause gefahren. Der Chef hatte sich bis zuletzt der Illusion hingegeben, er könne mit seinem Kran auffahren und brauche nur einen Mann. Erst am letzten Arbeitstag vor Weihnachten, also viel zu spät, hatte er sich über die tatsächliche Situation auf der Baustelle informiert. Daraufhin blieb ihm wohl nichts anderes übrig, als an den beiden Umzugstagen morgens auf gut Glück zu einem Sammelplatz für Arbeitssuchende am Stadtrand zu fahren und dort wahllos ein paar Leute anzuheuern, die sich gerade anboten.

Im Laufe des Nachmittags kam meine Tochter und wollte beim Auspacken und Einräumen helfen. Doch daran war vorläufig nicht zu denken. Bestürzt besah sie sich das Durcheinander. Außer bei den Kartons, die ich selber gepackt und beschriftet hatte, war bei keinem klar zu ersehen, was er enthielt. Sie waren zwar beschriftet, aber was diese Bezeichnungen bedeuten sollten, war rätselhaft. Auf einem stand »Götze«. Was da wohl drin war? Später, beim Auspacken, stellte sich heraus: Es war eine Plastik, ein steinerner Bodhisattva, der sich diese Bezeichnung zugezogen hatte. Nun ja, man kann es auch so sehen.

Nach und nach kamen die ersten Möbelstücke. Wieder wurde großzügig über die farbigen Aufkleber hinweggesehen und bei jedem gefragt: »Wohin?« Kaum stand der Esstisch an seinem Platz, setzte sich der Sachse auf den einzigen vorhandenen Stuhl, und fing eine Unterhaltung mit meiner Tochter an, die er ungeniert duzte. Der Chef hatte sich schon länger nicht mehr blicken lassen. Einer der Schweizer erklärte sich dafür zuständig, den Fernseher anzuschließen, und machte sich an die Arbeit. Es dauerte ziemlich lange, bis er alle Kabel entwirrt und wieder zusammengesteckt hatte. Als er kontrollieren wollte, ob alles richtig funktioniere, konnte er die Fernbedienung nicht finden. Daraufhin verschwand er. Dafür ließ sich der Chef endlich wieder einmal blicken. Auf meine Frage, ob sie jetzt die Büchergestelle zusammenbauen würden (was ausdrücklich vereinbart worden war), beschied er mir: »Heute nicht mehr. Dafür müssten wir nächste Woche dann noch einmal extra kommen.« Ich verzichtete.

Dann kam mein Schwiegersohn mit dem Picknick und einem Stuhl, den er mir ausleihen wollte, bis die neuen Esszimmerstühle geliefert würden. Immerhin hatten wir jetzt bereits zwei Stühle, sodass meine Tochter und ich uns beide hinsetzen konnten, nachdem der Sachse sich bequemt hatte, wieder an die Arbeit zu gehen. Eigentlich hatte mein Schwiegersohn jetzt das Picknick herrichten wollen, doch er erfasste die Lage sofort, packte beim Möbelschleppen mit an, gab den Männern Anweisungen und sorgte dafür, dass es endlich vorwärts ging. Gegen sechs kamen die Großeltern mit dem Geburtstagskind. Doch von gemütlichem Hinsetzen und Feiern konnte noch keine Rede sein, und so halfen sie erst einmal mit, in den herumstehenden Kartons nach Gläsern, Tellern und Besteck zu suchen, die wir zum Essen brauchten. Dabei stellten wir fest, dass manche Sachen, die ich ausdrücklich mit »bleibt hier« bezeichnet hatte, trotzdem mitgekommen waren. Dafür fehlten andere, die mitgemusst hätten, wie ich später merkte. Immer noch stolperten die Männer mit Kartons und Möbelteilen herum und fragten bei jedem Stück: »Wohin?« Der Chef war wieder einmal verschwunden. Nach einer halben Stunde hatte der selbsternannte Fernsehspezialist die Fernbedienung endlich gefunden und zeigte mir zufrieden, dass alles funktionierte. Ich wurde langsam ungehalten, weil ich befürchtete, dass sie um Mitternacht noch da sein würden. Der Mann beschwichtigte mich: »In einer Stunde sind wir fertig.«

Als es endlich so weit war, ließ sich auch der Chef wieder blicken. Ich stellte ihn zur Rede wegen dieses Desasters, doch er wurde gleich ausfallend. Meine Tochter wies ihn energisch zurecht, was ihn aber nicht sonderlich beeindruckte. Ich konnte nicht mehr, verzog mich ins Nebenzimmer und überließ ihr alles Weitere. Es war ein gutes Gefühl, dass sie da war und für mich handelte. War das nicht sinnbildlich für den neuen Lebensabschnitt?

Den Stab weitergeben

Eines Tages müssen wir den Stab weitergeben. Das wissen wir zwar, und doch können wir es uns nicht so recht vorstellen. Und dann, ganz plötzlich und unvermittelt, ist der Moment da, eine Situation, in der wir merken: Das schaffe ich jetzt nicht, ich mag nicht mehr, es übersteigt meine Kräfte. Dann sind wir froh, wenn jemand da ist und für uns handelt, auch wenn das zunächst ein Schock ist. Doch ist der erst einmal überwunden, ist es ein wunderbares Gefühl, sich zurückzulehnen und – nicht immer und nicht in allen Belangen, aber doch in vielen Situationen – die Jungen machen zu lassen. Zwar fällt das Loslassen nicht leicht nach so vielen Jahren des Verantwortlich-Seins, des Organisieren-, Besorgt-Sein- und Sichkümmern-Müssens. Den Stab weitergeben – das erinnert unerbittlich daran, dass unsere Zeit allmählich abläuft und andere jetzt an der Reihe sind. Und doch ist es unendlich befreiend, den Jüngeren so manches zu überlassen und darauf zu vertrauen, dass sie es genauso gut, oder vielleicht besser machen als wir. Und wenn nicht – haben wir denn immer alles richtig gemacht? Haben wir uns nicht selber auch oft geirrt?

Nun war es endlich überstanden. Der Schwiegersohn richtete die feinen Sachen, die er mitgebracht hatte, auf dem Esstisch an und machte den Champagner auf. Jetzt wurde es gemütlich. Wir suchten die vorhandenen Sitzgelegenheiten zusammen und ließen uns bequem in der Sofaecke nieder.

Dann wurde auf die 13 Jahre des Enkels angestoßen und auf den überstandenen Umzug. Ich schaute mich um, sah vertraute Dinge, die bereits ihren Platz gefunden hatten, und es gefiel mir. Ich fühlte mich zuhause.

7

In den Wochen danach fühlte ich mich zerschlagen, war ständig müde und vergesslicher denn je zuvor. Ich fühlte mich um Jahre gealtert. Hieß es nicht immer, einschneidende Veränderungen im Alter würden den Abbauprozess beschleunigen? Wahrscheinlich war das bei mir jetzt auch der Fall. Das machte mir Angst. Meine Tochter sprach mir gut zu: »Du bist erschöpft, das ist alles. Ganz normal, nach all der Anstrengung. Das wird schon wieder, du wirst sehen.« Hoffentlich würde sie recht behalten!

Erste tastende Schritte in den neuen Alltag führten zu angenehmen Entdeckungen: Die Zeitung lag morgens schon vor sieben Uhr im Fach, die Post kam bereits gegen neun. Was würde sie mir am ersten Tag wohl bringen? Der erste Gang zum Briefkasten, erwartungsvoll wie eh und je, obwohl im Zeitalter der E-Mails die Post fast nur noch Rechnungen bringt. Eine Kollegin, die ich nicht einmal besonders gut kannte, schickte einen herzlichen Willkommensgruß. Das war eine Überraschung, die mich riesig freute. Wo befand sich wohl der Abfallcontainer? Der dafür vorgesehene Unterstand wurde erst noch gebaut. Nach einigem Suchen entdeckte ich ihn an der Straße hinter der Siedlung. Was konnte ich wo einkaufen? Ob der Dorfladen meine bevorzugte Yoghurtsorte im Sortiment hatte? »Nein, aber wenn Sie jeweils zehn auf einmal nehmen, können wir die für Sie bestellen«, meinte die Geschäftsführerin zuvorkommend. Schon wieder ein kleines Alltagsproblem gelöst. Am nächsten Tag begrüßten mich die freundlichen Verkäuferinnen bereits mit Namen. Solche kleinen erfreulichen Erfahrungen halfen entscheidend mit, dass ich ganz allmählich begann, mich in der fremden Umgebung einzugewöhnen. Nach und nach würde sich die Alltagsroutine in etwas anderer Form neu einspielen.

Am Wochenende kam mein Sohn mit seiner Frau. Sie brachten die Sachen, die fälschlicherweise im Haus geblieben waren, und machten sich an das Zusammenbauen der Büchergestelle, die sie sehr geschickt den neuen Gegebenheiten anpassten. Danach konnten wir mit dem Auspacken einiger Kartons beginnen, und bald nahm das Arbeitszimmer Gestalt an. Bücher, die ich zum Arbeiten brauchte, waren wieder greifbar, und Unterlagen, die ich benötigte, wenigstens teilweise auffindbar. Denn die vorhandenen Gestelle reichten nicht aus. Erst jetzt merkte ich, wie viel die eingebauten Schränke im alten Haus aufgenommen hatten. Hier brauchte es einige Gestelle mehr. Ein Glück, dass das System, das ich vor dreißig Jahren angeschafft hatte, weiterhin lieferbar war und sich problemlos, nahezu zentimetergenau, an veränderte Raumverhältnisse anpassen ließ. Doch als ich am Montag die Bestellung aufgab, war ich sehr enttäuscht über die lange Lieferfrist: acht Wochen. Ich würde also noch lange zwischen Stapeln von halb ausgepackten Kartons hausen und mühselig darin herumsuchen müssen, wenn ich etwas brauchte.

Am Montag war die Feiertagspause zu Ende. Dröhnende Baumaschinen verkündeten morgens um sieben unmissverständlich, dass die Arbeit wieder aufgenommen worden war. Unter dem Lärm würde ich noch eine Weile zu leiden haben, doch die gut isolierten Fenster hielten die Belästigung in Grenzen, und in ein paar Wochen würde es ohnehin vorüber sein. Es machte Spaß, jeden Tag Fortschritte zu beobachten: wie Meter um Meter der Plattenbelag zwischen den Häusern gelegt wurde, die Schuttflächen Stück um Stück verschwanden, die verschiedenen Zugänge zu den Häusern einer nach dem anderen fertig und begehbar wurden. Von Tag zu Tag wurde es besser. Trotzdem war ich froh, dass ich Mitte Januar Verpflichtungen in Wien hatte und dem Baulärm für ein paar Tage entrinnen konnte.

8

Obwohl ich Wien gut kenne, kam ich mir dort zum ersten Mal seit dem Umzug heimatlos vor. Das Taxi, das mir die Veranstalter an den Flughafen geschickt hatten, fuhr auf mir unbekannten Wegen durch trostlose Industriegegenden, Richtung Innenstadt. Da fühlte ich mich auf einmal ganz und gar verloren und entwurzelt. Wo war ich hier? Wo kam ich her? Ich rief mir das Bild meiner Wohnung in Erinnerung: Da bist du zuhause, du bist jetzt in Wien, auf dem Weg zum Kardinal König Haus, wo du heute Abend ein Referat halten wirst, sagte mein Verstand. Doch dem Gefühl nach befand ich mich im Nirgendwo und kam von nirgendwo her. Das änderte sich schlagartig, als wir am Ziel waren. Dort hatte ich vor Jahren schon einmal für eine andere Organisation einen Vortrag gehalten. Diesmal war ich für die vier Tage auch hier im Haus untergebracht. Eigentlich hätte ich lieber in meinem gewohnten Hotel am Spittelberg gewohnt, aber das konnte ich von einer Organisation, die über Gästezimmer verfügte, nicht gut verlangen, und es war auch praktischer, nicht jeden Tag hin- und herfahren zu müssen. Nachdem ich das Zimmer bezogen und später die veranstaltenden Kollegen getroffen hatte, die ich bisher nur aus Briefen und E-Mails kannte, ging es mir schon viel besser. Und abends im Saal, als ich meinen Vortrag hielt, anschließend mit den Leuten diskutierte und ihre Fragen beantwortete, empfand ich fast so etwas wie Heimatgefühl – ich bewegte mich wieder in vertrauten Bahnen. Die gewohnte Arbeit stellte die Kontinuität in meinem Leben wieder her und gab mir das Gefühl des Verwurzelt-Seins zurück. Es waren schöne, befriedigende Tage mit vielen anregenden Gesprächen. Abends führten mich die Kollegen zum Essen aus an Orte, von denen nur Einheimische wissen, und ich lernte ganz neue Seiten von Wien kennen. Wie gut, dass ich zwischen den beiden Seminaren einen freien Tag eingeplant hatte, so konnte ich zwischendurch ein wenig auftanken, mich im Museumsviertel umschauen, in der englischen Buchhandlung in der Mariahilferstraße stöbern, vertraute Ecken wieder aufsuchen.

Mit Wien verbinden mich vielerlei Erinnerungsfäden. Hier war ich zum ersten Mal als Sechzehnjährige, zusammen mit meiner besten Schulfreundin und ihrer etwas älteren Schwester. Wir reisten in den Winterferien mit dem Zug, in der 3. (der Holz-) Klasse, die es damals noch gab. Mein Lieblingsonkel, der in Wien bei der Schweizer Botschaft arbeitete, hatte diesen Aufenthalt für uns arrangiert. Er verwöhnte uns, führte uns aus ins Theater und zum Essen. Österreich war damals noch in vier Besatzungszonen aufgeteilt. Uns drei Schweizer Mädchen wurde ganz schön mulmig, als der Zug – bei Linz, wenn ich mich recht erinnere – vor einer Brücke Halt machte und russische Soldaten die Papiere aller Reisenden kontrollierten, ehe die Weiterfahrt über die Brücke in die russische Zone freigegeben wurde. Wien wurde von den vier Siegermächten gemeinsam kontrolliert. Jeeps, in denen vier Soldaten saßen, je einer aus jeder

Armee, patrouillierten durch die Stadt. Es war genau wie in dem Film, der damals Furore machte und inzwischen als Klassiker gilt: »Der Dritte Mann«, nach dem gleichnamigen Roman von Graham Greene mit Orson Welles in der Hauptrolle. Überall waren Bombenschäden sichtbar, noch konnte keine Rede von Wiederaufbau sein. Improvisation war gefragt. Das Burgtheater zum Beispiel spielte im Ronacher, das zuvor ein Revuetheater gewesen war (und heute wieder ist). Dort sahen wir ein Stück von Grillparzer – einem damals viel gespielten österreichischen Klassiker, der inzwischen fast völlig von den Spielplänen verschwunden ist.

Es war mein erster Besuch in Wien und doch war mir vieles vertraut. Der Stiefvater meiner Mutter war vor dem Zweiten Weltkrieg Schweizer Botschafter in Wien gewesen. Die Botschaft war damals im Coburg Palais untergebracht, wo meine Großeltern auch gewohnt hatten und 1927 die Hochzeit meiner Eltern gefeiert worden war. Ich kannte das Haus von Familienphotos und wollte es mir unbedingt in natura anschauen. Es sah ziemlich heruntergekommen aus, von den Spuren des Krieges gezeichnet. Immerhin war es stehen geblieben und beherbergte jetzt die Gesellschaft für österreichisch-sowjetische Freundschaft.

Heute ist es ein sehr teures Luxushotel. Vor einem Jahr hatte ich mit dem Gedanken gespielt, ein einziges Mal dort zu übernachten, um zu sehen, was aus den Räumen geworden war, die den Hintergrund so mancher alter Familienphotos bilden. Doch die Preise bewegen sich so weit jenseits von allem noch einigermaßen Vertretbaren, dass ich den Plan sehr schnell wieder fallen ließ.

Zurück in der Schweiz überkam mich am Flughafen Zürich sofort wieder das Gefühl der Verlorenheit, obwohl mich wie gewohnt Herr G. abholte und nachhause bringen würde. Beinahe hätte ich ihm gesagt, er fahre in die falsche Richtung, so komisch fand ich es, dass wir nicht den gewohnten Weg in die Stadt nahmen. Es kam mir vor, als sei mir das Heimkommen verwehrt. Erst als ich die Tür zu meiner Wohnung aufschloss, fühlte ich mich wieder zuhause – mehr als vor meiner Reise. Mein neuer Wohnort war mir ein Stück näher gekommen. Es war eine Verbindung entstanden zwischen dem neuen Zuhause und einem wichtigen Bereich meines bisherigen Lebens. Wien war zu einem Glied dieser Verbindung geworden, hatte ihr sozusagen Pate gestanden.

Verbindungsfäden

In einer Zeit, in der sich so vieles verändert, ist es wichtig, zwischendurch immer wieder auch Kontinuität zu erleben. Es braucht ein gewisses Gleichgewicht zwischen dem, was bleibt, und dem, was sich verändert, um sich wohlfühlen zu können und nicht verunsichert zu werden in seinem Identitätsgefühl. Es muss Verbindungsstränge geben, die sich durchziehen, Fäden, die an Früheres anknüpfen und es mit dem, was jetzt ist, verbinden. Ohne solche Verbindungsfäden lassen sich Veränderungen sehr viel schwerer verkraften. Sie können sich auf ganz verschiedenen Ebenen ergeben – in zentralen Aspekten des Lebens ebenso wie in kleinen Dingen des Alltags. Wichtig ist es, Verbindungsfäden da, wo sie sich anbieten, aufzugreifen und bewusst weiter zu knüpfen. Sie sind eine große Hilfe, um sich in die neuen Verhältnisse einzuleben. Mit der Zeit, wenn es so weit ist, wird man selber merken, dass der eine oder andere Faden an Bedeutung verliert, und ihn ohne Schwierigkeiten aufgeben können.

Zurzeit ist es vor allem die Arbeit, die mir Kontinuität vermittelt. Das Zwischenspiel in Wien hat ausgesprochen gut getan nach all den Umzugswirren. Wieder in gewohnter Weise tätig zu sein hat mich neu bestärkt in meinem Selbstverständnis: In diesem Kontext war ich die, die ich zuvor gewesen war, nicht eine neue, fremde, mir selber noch nicht ganz vertraute Person.

Auch im Alltäglichen gibt es Verbindungsstränge: Nach wie vor gehe ich zum selben Friseur in Zürich wie schon seit dreißig Jahren. Bücher bestelle ich weiterhin bei der Buchhandlung, in der ich seit langem alle Bücher kaufe (und schon zweimal eine Lesung hatte). Wenn ich in der Stadt bin, suche ich den einen oder anderen Laden auf, den ich seit Jahren kenne, besorge hin und wieder ein Brot, das ich besonders gerne mag und am neuen Wohnort nicht bekomme, esse etwas in einem vertrauten Lokal. Das alles sind nebensächliche Dinge, doch sie bauen Brücken zwischen gestern und heute. Sie helfen mir, mich in den veränderten Umständen zurechtzufinden, indem sie ein Gegengewicht bilden zu all dem Neuen.

Nicht immer kann ich frei wählen, was ich auf welche Waagschale legen will. Natürlich wäre mir der vertraute Arzt wichtiger gewesen als der Friseur, doch den Hausarzt muss man in der Nähe haben, und so werde ich nicht darum herumkommen, mich nach einem neuen umzusehen. Die Zahnärztin und den Augenarzt hingegen kann ich beibehalten, auch andere Spezialisten, die nur selten aufgesucht werden müssen. Für meine Brillen gehe ich weiterhin zum gewohnten Optiker in Zürich, obwohl der in L. auch einen guten Eindruck macht. Anderes wiederum, an dem ich ursprünglich hatte festhalten wollen, gebe ich dann doch auf, weil sich eine sinnvolle Alternative bietet: zum Beispiel eine sehr gute Fußpflegerin gleich um die Ecke. Wie sich herausstellte, hat sie ihre Lehre bei der Frau in Zürich gemacht, zu der ich bisher gegangen bin – auch das ist eine Art Verbindungsfaden.

9

Nach der Rückkehr aus Wien war ich immer noch ziemlich erschöpft und brauchte viel Schlaf. Doch ich war guter Dinge, setzte meine Erkundungsgänge in der neuen Umgebung fort und machte sie mir nach und nach zu eigen. Es gab erfreuliche Entdeckungen und gelegentlich kleine Erfolgserlebnisse. Im Gegensatz zum hektischen Zürich fiel mir auf, wie zuvorkommend und freundlich das Verkaufspersonal hier fast überall ist. Im Supermarkt verliert die Kassiererin nicht gleich die Geduld, wenn jemand etwas länger braucht, um das Geld zusammenzusuchen, oder umständliche Fragen stellt. Die Kehrseite ist allerdings: Eilig darf man es nicht haben, es geht alles sehr gemächlich und mir oft zu langsam. So bin manchmal ich es, die ungeduldig wird, aber dann sage ich mir: was soll's? und stelle mich auf das langsamere Tempo ein.

Es gibt auch manches, was mich befremdet. So zucke ich – noch immer – jedes Mal zusammen, wenn ich mit dem hier verbreiteten, in der Einzahl verwendeten »Ihr« statt mit »Sie« angesprochen werde. Zwar kenne ich diese Form der Anrede aus dem Berndeutschen, dort hat es etwas Behäbig-Gemütliches und stört mich überhaupt nicht. Im hiesigen Dialekt wirkt es anders auf mich: rauh, grob, unfreundlich. Immer wieder muss ich mir bewusst machen, dass das überhaupt nicht so gemeint, sondern hier eben der Brauch ist. Schon seltsam, diese Unterschiede zwischen so nahe beieinander liegenden Gegenden.

Vom Bus aus hatte ich im Vorbeifahren eine chemische Reinigung entdeckt und brachte ein paar Sachen hin. Die Angestellte fand zunächst, das ginge in dieser Woche nicht mehr, doch da mischte sich der Besitzer aus dem Hintergrund ein: Selbstverständlich sei es möglich, ich könne alles am Samstag abholen. Von da an begrüßte er mich jedes Mal wie eine Stammkundin, kommentierte das Wetter, das sei doch kein Winter, früher sei das anders gewesen, begutachtete meine Kleidungsstücke mit Kennerblick und machte zum einen oder anderen eine anerkennende Bemerkung. Ich erschrak dann über die Preise: fast doppelt so hoch wie in Zürich. Allerdings hatte es dort diesen sorgfältigen, persönlichen Service nicht gegeben. Zu einem Einheitspreis wurden alle Stücke einheitlich behandelt, und allzu oft war beim Abholen ein gelber Zettel angeheftet mit dem Hinweis, dass sich die noch vorhandenen Flecken leider nicht entfernen ließen, ohne den Stoff zu beschädigen. Das würde Herrn F.s Berufstolz niemals zulassen. Einmal brachte ich ihm eine alte ungarische Tischdecke, die voller Stockflecken war. Sie war seinerzeit mit dem Hausrat meiner Großeltern mitgekommen, als sie Ungarn gegen Ende des Zweiten Weltkrieges fluchtartig verlassen mussten, weil kurz vor dem russischen Einmarsch alle Botschaftsangehörigen in die Schweiz zurückberufen worden waren. Über meine Mutter war die Decke schließlich bei mir gelandet, wo sie jahrelang in irgendeiner Schachtel gelegen hatte. Jetzt fand ich plötzlich, dass sie gut in diese neue Umgebung passen würde. Allerdings bezweifelte ich, dass sich die alten Flecken würden entfernen lassen. Doch Herr F. begeisterte sich an den farbigen Stickereien, erklärte mir fachmännisch, wie die verschiedenen Stiche hießen und ließ nicht locker, bis es ihm nach mehrmaligen Versuchen gelang, allen Flecken den Garaus zu machen und der Decke ihre leuchtenden Farben zurückzugeben.

In derselben Straße entdeckte ich sogar noch einen Vertreter eines nahezu ausgestorbenen Gewerbes, einen Rahmenmacher, bei dem ich endlich einen schon seit langem beschädigten Bilderrahmen reparieren lassen konnte. So ergaben sich nach und nach in kleinen Dingen des Alltags immer mehr Bezugspunkte zum neuen Umfeld.

Mehrmals bekam ich in diesen ersten Wochen Besuch von Freunden und Bekannten, die sehen wollten, wo ich gelandet war. Von der Wohnung waren alle begeistert. Den einen gefiel auch die Umgebung, andere reagierten befremdet. Und wieder andere ließen nichts mehr von sich hören, seit ich ihnen meine Adressänderung bekannt gegeben hatte. Ob sie mich abgeschrieben hatten, weil ich nicht mehr in der Stadt lebte? Dabei braucht man von Zürich hierher nicht länger als von gewissen Stadtquartieren in ein anderes oder ins Zentrum. Doch für manche Bewohner Zürichs ist der Nachbarkanton so etwas wie fernes Ödland, obwohl – oder gerade weil? – viele von ihnen ursprünglich von hier zugezogen sind. Es war für mich gerade in der Anfangszeit sehr wichtig, vertraute Menschen in der neuen Wohnung begrüßen und bewirten zu können. Jeder Besuch hinterließ eine – zwar nicht sichtbare, aber atmosphärisch wirksame – Spur, spannte einen Verbindungsfaden zu meinem bisherigen Leben und war ein weiterer Mosaikstein im allmählich wachsenden Gefühl, jetzt hier zuhause zu sein.

Der Winter war ungewöhnlich mild, was mir – politisch gar nicht korrekt, ich weiß – nur recht war. Ich fand es wunderbar, dass die Sonne, jetzt wo sie so tief stand, den ganzen Tag ins Wohnzimmer und ins angrenzende Arbeitszimmer schien. Zwischen den umliegenden Häusern hindurch sah ich sie morgens über dem Hügel im Osten aufgehen und abends im Westen wieder untergehen. Im Sommer, wenn sie höher stand, würde sie nicht mehr so direkt ins Zimmer scheinen – geradezu ideal also und ein weiterer unerwarteter Pluspunkt für die Wohnung, die mir immer besser gefällt. Lange Jahre hatte ich in einem alten Haus mit eher kleinen Zimmern gewohnt und kein eigentliches Wohnzimmer mehr gehabt, da ich einen Raum für die Praxis brauchte. Alles, was man so unter Wohnen versteht, spielte sich im zur Küche hin offenen Essraum ab. Das hatte mir und meinen gelegentlichen Gästen völlig genügt. Ich fand die in den neueren Wohnungen üblichen großen Wohnzimmer eigentlich überflüssig, zumindest für allein Wohnende wie mich. Und jetzt – wider Erwarten – beginne ich diesen großen Raum mehr und mehr zu genießen. Er ist durch eine Schiebetür mit der kleinen Arbeitsklause nebenan verbunden, sodass ich auch am Schreibtisch das Gefühl von viel Raum um mich herum habe.

Es ist derselbe Schreibtisch, an dem ich bereits vor mehr als vierzig Jahren an meinen Übersetzungen gearbeitet habe, nicht selten mit einem Baby auf dem Schoß. Später, im Krabbelalter, krochen die Kinder mit ihren Spielsachen um den Schreibtisch und unter ihm herum. Es gibt ein Photo von meiner Tochter, höchstens zweijährig, wie sie auf den Zehenspitzen stehend mit den Händchen knapp zu den Tasten der Schreibmaschine hinauf reicht, auf denen sie offensichtlich herumklappert. Das Photo wirbt heute auf ihrer Homepage für ihre Schreibwerkstatt.

Der Schreibtisch hat alle Umzüge überstanden und ist auch hier wieder genau richtig mit seiner – damals neuen – klaren, einfachen Form und den beiden beweglichen Korpussen, die je nach Bedarf und Platzverhältnissen darunter oder daneben aufgestellt werden können. Im Wohnzimmer hat der alte Bauernschrank aus meiner Kinderzeit wieder einen Platz gefunden. Ich hatte ihn bereits vor Jahren meinem Sohn weitergegeben, denn in den kleinen Zimmern in der Südstrasse war kein Platz dafür. Auch er kann ihn dort nicht mehr brauchen, und fragte mich, ob ich ihn wieder haben wollte. Zuerst wehrte ich ab, ich fand es seltsam, etwas wieder zurückzunehmen, das ich einmal verschenkt hatte. Aber dann dachte ich: warum eigentlich nicht?

Er ist mit vielen Erinnerungen verbunden, guten und schlechten. Meine Mutter hatte ihn mir zum zwölften Geburtstag geschenkt – ein Geschenk, über das ich mich damals überhaupt nicht freute. Viel lieber hätte ich etwas anderes bekommen, aber ich brauchte einen Schrank, und meine Mutter hatte gerade ihre Vorliebe für alte Bauernmöbel entdeckt. Später stand er jahrelang bei ihr im Wohnzimmer und nach ihrem Tod eine Zeitlang in einer Ferienwohnung in den Bergen, in der wir während einiger Jahre die Winterferien verbrachten.

Jetzt passt er wunderbar in diesen großen Raum und trägt durch die Spuren meines Lebens, die an ihm haften, dazu bei, ihn zu *meinem* Raum zu machen. Umgekehrt ist dieser Schrank, den ich als Kind nicht mochte, erst in diesem Raum wirklich *mein* Schrank geworden. Auch das alte Eckschränkchen hat hier wieder einen Platz gefunden. Es stammt noch aus der allerersten gemeinsamen Behausung mit meinem späteren Mann, einem Souterrain-Zimmer in Wuppertal. Wir hatten das Schränkchen bei einem Trödler entdeckt, für 30 DM, was selbst vor mehr als fünfzig Jahren ein Schnäppchen war. Die dafür passende Ecke in meiner jetzigen Wohnung war mir gleich bei der ersten Besichtigung aufgefallen. Das war eindeutig ein Pluspunkt, denn solche Ecken gibt es in geradlinigen Neubauten mit großen Fensterfronten eher selten. Und dieses Möbel war eines der wenigen, von denen ich mich ungern getrennt hätte. Die einzelnen Stücke aus früheren Lebensabschnitten beleben und vervollständigen meinen gegenwärtigen Lebensraum. Ob sie mit guten oder schlechten Zeiten verbunden waren, spielt kaum mehr eine Rolle Sie fügen sich als luftige Farbtupfer der Erinnerung in die Gegenwart ein und bilden zusammen mit dem, was mich in den letzten Jahren umgeben hat, und einigem, was neu dazu gekommen ist, ein stimmiges Ganzes. Sie widerspiegeln vergangene Aspekte meines Lebens, Puzzleteile, aus denen sich das Gesamtbild zusammensetzt. Es braucht sie alle, die guten wie die schlechten, die schönen wie die hässlichen, die beglückenden wie die schmerzlichen, damit das Leben sich zum Ganzen fügt. Sie alle sind Teil von mir, auch wenn manche jetzt sehr fern erscheinen, fast als stammten sie aus einem anderen Leben.

Die Biographie verblasst

Seltsam, wie Teile der eigenen Biographie im Alter immer mehr in die Ferne rücken, wie so manches Vergangene verblasst – auch wenn es einmal sehr wichtig, sehr beglückend oder sehr schmerzlich war – während anderes, das damals nebensächlich erschien, unverhofft wieder präsent ist. Staunend denkt man dann: »Ach ja, richtig, auch das war einmal mein Leben …« Die Erinnerungen sind schwerelos geworden: aufscheinende Facetten vergangenen Lebens, Farbtupfer im Lebensbild der Gegenwart – genau wie die Möbelstücke aus früheren Zeiten.
Diese Chance bietet sich erst in den späten Jahren, und zugleich ist es eine Aufgabe, die jetzt ansteht: das Leben als Ganzes zu überschauen, es anzunehmen, so wie es ist, mit all seinen Facetten, sich auszusöhnen mit dem nicht Gelungenen, nicht Erreichten, Schmerzlichen, das genauso zum Leben gehört wie Freude, Gelingen, Glück und Zufriedenheit. In den Räumen, die ich jetzt bewohne, widerspiegelt sich das sinnbildlich im versöhnlichen Nebeneinander der Objekte aus verschiedenen Lebensphasen. Die Notwendigkeit, mein Lebensumfeld neu zu gestalten,

hat mir diese Aufgabe sehr konkret vor Augen geführt – und zugleich erleichtert.

Der deutsch-amerikanische Psychoanalytiker Erik Erikson (1902 bis 1994) beschreibt in einem Stufenmodell der Ich-Entwicklung acht Lebensphasen, denen spezifische Aspekte der Identitätsfindung zugeordnet sind.[2] »Sein, was man geworden ist«, bezeichnet er sehr treffend als die Aufgabe, die sich im »reifen Erwachsenenalter« stellt. Als einer der ersten Psychologen hat er die späten Lebensjahre in seine Überlegungen mit einbezogen. Bis dahin hatte sich die Psychologie vorwiegend mit Kindheit und Adoleszenz und eventuell noch mit dem frühen Erwachsenenalter befasst – was wohl auf die Vorstellung zurückzuführen ist, dass es später ohnehin nur noch »abwärts« gehen würde. Freud war bekanntlich der Ansicht, dass ab vierzig eine Psychotherapie nicht mehr sinnvoll, ja gar nicht mehr möglich sei. Selbst wenn inzwischen längst das Gegenteil erwiesen ist, spukt dieses Denken immer noch in vielen Köpfen herum.

Sein, was man geworden ist, bedeutet akzeptieren, was man geworden ist – nicht resignierend, nicht im Sinne von »mehr war da leider nicht«, aber auch nicht, indem man rückblickend alles gut und richtig findet. Vielmehr geht es darum, den Sinn zu entdecken in dem, was das Leben war. Der liegt nicht immer so einfach auf der Hand, sondern will aufgespürt werden. Im versöhnlichen Zurückschauen auf das, was war – auf die Licht- *und* auf die Schattenseiten –, im Wahrnehmen des Vergangenen als Ganzes offenbart sich der Sinn vielleicht gerade darin, dass es so war, wie es war. Dann wird erkennbar: Ich bin geworden, was zu werden mir bestimmt war. Nicht in dem Sinn, dass alles ohnehin vorbestimmt und Schicksal sei und man selber keinerlei Einfluss darauf habe. Sondern erkennen: Ich habe meinen Weg gefunden – spät vielleicht und mit Umwegen –, doch ich habe ihn gefunden. Nicht den einzig richtigen Weg, sondern einen von mehreren, die auch möglich gewesen wären. Umwege und Irrwege gehören zu jedem Lebensweg. Entscheidend ist, im Rückblick ja sagen zu können zu diesem Weg, so wie er war, mit Höhen und Tiefen, mit Versagen und Gelingen; ihn anzunehmen als *den eigenen Weg* und ihn gerne noch ein Stück weiterzugehen.

Manchmal tauchen, ausgelöst durch irgendetwas Gegenwärtiges – ein Ereignis, ein Ort, ein Bild, eine Melodie, ein Wort –, plötzlich Bruchstücke aus der Vergangenheit, aus diesem »anderen Leben« auf. Ich denke dann: Ach ja, war das schön, oder auch: Wie schlimm war das doch damals. Und oft staune ich nur: Merkwürdig, ja, das habe ich tatsächlich erlebt.

Der Zug braust irgendwo zwischen Frankfurt und Kassel an einem kleinen Bahnhof vorbei. Ich kann gerade noch das Schild lesen: Gelnhausen. Es kommt mir bekannt vor. Doch woher, in welchem Zusammenhang? War ich hier schon mal? Und was habe ich hier gemacht? Ich weiß es nicht mehr. Erst nach und nach dämmert mir: Ach ja, da waren zwei- oder dreimal Psychodrama-Seminare. Eine Zeitlang habe ich ja da eine Ausbildung gemacht, noch vor meinem Studium. Das hatte ich völlig vergessen. Und war da nicht etwas mit einem Mann? Wer war das? Wie hieß der? Keine Ahnung. Ganz verschwommen erinnere ich mich nur, dass es da eine kurze, unverbindliche, aber durchaus angenehme und belebende Episode gab – für mich eine sehr vereinzelte Erfahrung. Doch der Zeitgeist der 1970er Jahre war wohl auch an mir nicht ganz vorübergegangen.

Wie fern und fremd mir das alles heute erscheint.

10

Im Februar passierte etwas, das mich abrupt aus der Bahn warf: Ich stürzte. Am Bahnhof Stadelhofen in Zürich war ich aus der S-Bahn gestiegen, hatte nach der Rolltreppe Ausschau gehalten und enttäuscht festgestellt, dass es in diesem Bereich des Bahnsteigs eine solche nur von unten nach oben gibt. Nach unten führt eine lange, steile, etwas düstere Treppe. Und dort passierte es: Ich stürzte – einfach so, ohne Vorwarnung, ohne dass ich gestolpert wäre. Ich merkte lediglich, wie mein Fuß einknickte, und muss dann ein kurzes Blackout gehabt haben, jedenfalls lag ich plötzlich auf den Treppenstufen und spürte, wie Blut über mein Gesicht rann. Vermutlich war ich im Fallen mit dem Gesicht am Treppengeländer aufgeschlagen, hatte dabei meine Brille verloren und mich am Auge verletzt. »Ihre Brille liegt dort unten«, rief mir eine Frau von der nebenan aufsteigenden Rolltreppe zu. Ich presste ein Taschentuch aufs Auge und taumelte die Treppe hinunter. »Ist das Ihre Brille?«, fragte jemand. Was mit mir los sei und ob ich vielleicht Hilfe brauchte, fragte niemand, obwohl ich stark blutete. Doch das war mir ganz recht. Ich wollte nichts wie weiter. Wie in Trance spulte ich das vorgesehene Programm ab: Abends Theaterbesuch mit einer Freundin und vorher zum Friseur. Vermutlich hatte ich einen Schock. Ich taumelte aus dem Bahnhof, meine Beine fühlten sich an wie Gummi. Auf dem kurzen Weg zum Friseur verbrauchte ich meine sämtlichen Papiertaschentücher, doch immerhin war die Blutung gestillt, bis ich dort ankam. Im Spiegel konnte ich endlich die Bescherung begutachten. Es sah gar nicht so schlimm aus. Über dem Auge war ein Schnitt, wahrscheinlich vom abgebrochenen Metallbügel der Brille, genau an der Lidfalte entlang, sodass er fast nicht zu sehen war. Das Auge selber war zum Glück unverletzt. Herr S. plauderte wie gewohnt, während er sich an meinen Haaren zu schaffen machte. Doch ich war irgendwie abwesend und konnte seinen Worten, die von weit her zu kommen schienen, nur mit Mühe folgen. Ich stand wohl noch immer unter Schock. Mechanisch, wie von unsichtbaren Drähten gezogen, machte ich mich dann auf den Weg zum Opernhaus. Die Aufführung glitt teilweise einfach an mir vorüber, doch an manchen Stellen ging mir die Musik unter die Haut und einzelne Szenen prägten sich mir fast überdeutlich ein – wie in einem sehr lebhaften Traum. Und während das alles ablief, schoss es mir plötzlich glasklar durch den Kopf: Nicht noch einmal zum Bahnhof, nicht mit der Bahn zurück fahren, das schaffe ich heute nicht mehr. In der Pause bestellte ich für die Rückfahrt ein Taxi.

Zuhause ließ ich mich erschöpft ins Bett fallen und sank in tiefen Schlaf. Am nächsten Morgen erschrak ich über mein Spiegelbild. Es sah furchtbar aus: das Auge dick geschwollen, die linke Gesichtshälfte blau und gelb, blutunterlaufen, verquollen. Ich sah aus wie ein Opfer häuslicher Gewalt. (Noch tagelang sollten mich überall, wo ich hinkam, mitleidig-wissende Blicke mustern.) Ich überlegte kurz, ob ich meinen Arzt in Zürich anrufen und mir einen Termin geben lassen sollte, aber ich fühlte mich außerstande, die Fahrt dorthin auf mich zu nehmen. Mir war flau, die Beine fühlten sich immer noch an wie aus Gummi, und ich fürchtete, jeden Moment hinzufallen. Ich musste unbedingt hier irgendwo einen Arzt finden.

Auf einem meiner Streifzüge durch die Umgebung hatte ich kürzlich an einem Haus, gar nicht weit von meiner Wohnung, das Schild eines Allgemeinpraktikers gesehen und mir den Namen gemerkt. Kurz entschlossen rief ich dort an. Die freundliche Praxishilfe wollte sehr genau wissen, wie der Sturz passiert sei, wie die Wunde aussähe, wo die Schwellungen sich befänden, wo ich Schmerzen und vor allem ob ich Kopfweh hätte. Dann beruhigte sie mich, riet mir, kühle Kompressen aufzulegen, und gab mir einen Termin für Montag (es war Freitag). Sie bat mich aber, jederzeit anzurufen, auch am Wochenende, falls ich Kopfschmerzen bekäme. Mein erster Eindruck von dieser Praxis war recht positiv.

Meine Tochter erschrak, als ich ihr am Telefon erzählte, was passiert war. Dass ich gestürzt war, beunruhigte sie, das passe so gar nicht zu mir, fand sie. Sie kam vorbei, um nach mir zu sehen, und war erleichtert, mich zwar etwas wackelig und gedämpft, aber doch einigermaßen wohlauf anzutreffen, obschon mein Gesicht einen fürchterlichen Anblick bot. Eine bereits gekaufte Konzertkarte für Sonntag ließ ich verfallen und blieb das ganze Wochenende ruhig zuhause, schlief viel und ging zwischendurch mal ein bisschen spazieren, immer noch in diesem mulmigen Zustand, wie auf Gummibeinen. Ich war froh als es Montagmorgen wurde.

Der Arzt machte einen sympathischen und vertrauenswürdigen Eindruck. Sorgfältig untersuchte er das Auge und die Schwellungen im Gesicht. Dann beruhigte er mich, das würde alles vergehen. Für die Narbe verschrieb er mir eine Salbe. Zur Sicherheit machte er noch eine Reihe von weiteren Untersuchungen, denn so ganz erklären konnte er sich den Sturz nicht. Die Resultate ergaben jedoch keinerlei Anlass zur Besorgnis. Der Arzt nannte eine Reihe von möglichen Ursachen, die alle eine Rolle gespielt haben könnten. Seine Überlegungen waren für mich gut nachvollziehbar, sie entsprachen dem, wie ich es erlebt hatte. Unter anderem meinte er, die große Veränderung, die ich hinter mir habe, sei doch eine ziemliche Belastung gewesen, die einen solchen Schwächeanfall durchaus plausibel erscheinen lasse. Wir unterhielten uns noch eine Weile über die Gründe meines Umzugs. Er sprach von der Verschlossenheit der hier Alteingesessenen gegenüber Fremden, die er aus eigener Erfahrung kennen gelernt hatte, als er sich vor etwa zehn Jahren hier niederließ. Es brauche einige Zeit, bis sie auftauten. Das war mir neu und gut zu wissen. Alles in allem hatte er sich fast eine Stunde Zeit genommen – das ist heutzutage alles andere als selbstverständlich. Ich war froh und erleichtert, jetzt einen guten Arzt in der Nähe zu wissen. Wieder war ein Problem gelöst, wieder ein Stück Verankerung geschafft.

So war dieser Sturz nicht nur eine erschreckende Erfahrung, die mich deutlich mahnend die im Hintergrund lauernde Gebrechlichkeit des Alters spüren ließ, sondern auch ein weiterer Schritt auf dem Weg meiner »Integration«.

Integration

Dieser hochaktuelle Begriff steht hier bewusst in einem scheinbar ganz anderen Zusammenhang. Gewiss ist ein solcher Umzug nicht zu vergleichen mit der Auswanderung – zum Beispiel – aus einem anatolischen Dorf in eine westeuropäische Stadt. Doch jeder Ortswechsel stellt uns vor die doppelte Aufgabe, uns einerseits in einer fremden Umgebung zurechtzufinden, liebgewordene Gewohnheiten aufzugeben und durch andere zu ersetzen, auf der anderen Seite aber auch zu erkennen, was uns wirklich wichtig und unverzichtbar ist, und herauszufinden, wie und in welcher Form wir es uns erhalten können. Beides sind Aspekte der Integration, und beides ist erforderlich, um Wurzeln schlagen zu können.

Es fällt auf, dass in der Diskussion über die Integration von Einwanderern der zweite Aspekt kaum eine Rolle spielt. Einseitig wird immer nur auf die Notwendigkeit der Anpassung an hiesige Verhältnisse gepocht. Die muss sein, zweifellos, doch vielleicht könnte sie leichter und besser gelingen, wenn auch dem anderen Aspekt vermehrt Aufmerksamkeit geschenkt und die betroffenen Menschen dabei unterstützt würden für das, was sie unbedingt beibehalten möchten, Formen zu finden, die hierzulande zwar vielleicht ungewohnt, aber den Einheimischen durchaus zumutbar sind. Flexibilität und Entgegenkommen ist auf beiden Seiten gefragt.

Nach dem Sturz fühlte ich mich noch lange unsicher und wackelig auf den Beinen, es dauerte eine Weile, bis ich mich von dem Schock erholte. Der Alltag nahm seinen Verlauf, erfreuliche Entdeckungen wechselten mit ärgerlichen oder enttäuschenden Erlebnissen – ein Stück Normalität hatte sich eingestellt. Wie an jedem anderen Ort gab es auch hier Vorteile und Nachteile.

Die Abfallentsorgung, zum Beispiel: Ich konnte zuerst fast nicht glauben, dass hier nur fünfmal im Jahr eine Karton- und Altpapiersammlung stattfindet. Und noch mehr staunte ich, als ich zum ersten Mal erlebte, wie diese auf ziemlich chaotische Weise, teils zu Fuß mit Handkarren, teils mit Fahrrad und Anhänger, von Schulkindern durchgeführt wird. Sie sind völlig überfordert mit den Mengen, die in den größeren Wohnkomplexen anfallen, von denen es hier inzwischen mehrere gibt. Von Zürich her war ich gewohnt, dass Papier zweimal und Karton einmal im Monat abgeholt wird. Das Dorf ist bestrebt, seine Einwohnerzahl zu vergrößern, und versteht sich als steuergünstige Gemeinde. Doch bisher wird wenig getan, um die Infrastruktur entsprechend anzupassen. Manches wird weiterhin so gehandhabt, wie es früher für das Bauerndorf richtig gewesen ist. Ich war daher sehr erstaunt festzustellen, dass die Steuern sogar höher sind als in der Stadt Zürich, die im Ruf hoher Steuern steht (in der Schweiz sind diese von Gemeinde zu Gemeinde verschieden). Wenn ich an die Infrastruktur denke, welche die Stadt zur Verfügung stellt, und sie mit der hier im Dorf vergleiche, erscheint mir dieser Ruf in keiner Weise gerechtfertigt.

11

Mit der Zeit wurden die Häuser der Siedlung, eines nach dem andern, im Rohbau fertig. Eines Morgens wurde der große Baukran abgebaut. Ein spannendes Schauspiel spielte sich vor meinem Fenster ab. In schwindelnder Höhe stand ein Arbeiter auf dem Seitenarm, demontierte das vor ihm liegende Teilstück und hängte es an den Kran. Während es vom Kranführer behutsam auf den unten bereitstehenden Transporter manövriert wurde, kletterte der Arbeiter ein Stück zurück und baute das Teilstück ab, auf dem er soeben gestanden hatte. Es war ein unheimlicher Anblick, wie er so Stück für Stück den Boden unter seinen Füßen demontierte, bis der Kran in seine Einzelteile zerlegt auf dem Transporter verstaut war und abtransportiert wurde. Zu meiner Überraschung wurde er nicht weit weggefahren, sondern auf einer Wiese ganz in der Nähe wieder aufgebaut. Schon bald wurden dort Fundamente für ein weiteres Wohnhaus ausgehoben, das inzwischen im Rohbau fast fertig ist. Auch auf dem Wiesenstück mit den Bäumen, das ich vom Schlafzimmerfenster aus sehe und wo manchmal Kühe weiden, steht bereits wieder ein Baugespann.

Durch Vermittlung des Herrn von der Bank fand ich eine nette und tüchtige Putzhilfe, mit der ich sehr zufrieden bin, auch wenn sie nicht an die heranreicht, die in Zürich für mich gearbeitet hatte. Bügeln wollte sie lieber nicht. So traf es sich gut, dass meine Tochter zufällig irgendwo einen Aushang entdeckte, auf dem sich eine Frau für Bügelarbeiten anbot. Sie erwies sich als sehr effizient: Man braucht sie nur anzurufen, dann holt sie am nächsten Tag die Wäsche morgens ab und bringt sie nach zwei Stunden gebügelt wieder zurück, nicht ganz, aber fast so schön wie bei Frau F., meiner früheren Hilfe in Zürich. Das war eine seltene Perle. Meine Schwiegertochter und mein Sohn, die bisher noch nie eine Putzhilfe beschäftigt hatten, haben sie übernommen und sind begeistert. Ein bisschen vermisse ich sie schon. Frau F. war einfach perfekt, ich brauchte ihr nichts zu sagen. Sie kam einmal in der Woche, sah immer selber – vermutlich besser als ich –, was zu tun war, und hat es dann rasch und sorgfältig erledigt. Sie wusste, wann es Zeit war, die Zeitungen zusammenzubinden, weil die Altpapiersammlung bevorstand, sie sah, wann der Kühlschrank, der Backofen oder eine Schublade gereinigt werden musste. Ich konnte mich ganz auf sie verlassen und brauchte an so manches gar nicht mehr zu denken. Ich wusste: einmal in der Woche kommt Frau F. und kümmert sich darum. Das ist jetzt nicht mehr ganz so, da musste ich mich umstellen, doch ich bin zufrieden. Immerhin ist mein Haushalt wieder so organisiert, dass ich von manchen Dingen entlastet bin und mich vermehrt auf meine Arbeit konzentrieren kann.

Zwischendurch gab es die gewohnten beruflichen Reisen. Im Februar ein Vortrag in Prag, wo ich bereits im vergangenen Jahr einen mehrteiligen Fortbildungskurs durchgeführt und alle zwei Monate ein paar Tage verbracht hatte. Die Stadt und einige Menschen dort sind mir in dieser Zeit vertraut geworden. Ich freute mich auf das Wiedersehen. Im April dann das Seminar in der Nähe von Linz, das bereits seit Jahren einen festen Platz in meinem Jahresprogramm hat. Diese berufliche Kontinuität ist jetzt, da sich mein privates Umfeld verändert hat, besonders wichtig für mich. Deshalb berührte es mich sehr, als diesmal ein Teilnehmer bei der Schlussauswertung den Wunsch äußerte, ich möge noch recht oft wiederkommen.

Auch nach Bremen, wo ich mich inzwischen fast schon ein wenig zuhause fühle, war ich wieder eingeladen; diesmal für eine Gastvorlesung an der Pädagogischen Hochschule und einen Elternabend bei den Wohnheimen des Arbeiter Samariter Bundes (ASB). Auf dem Hinweg übernachtete ich in Hannover und nutzte am nächsten Morgen die Gelegenheit, in einer Yogaschule, die von einer Freundin meiner Tochter geleitet wird, eine Lektion mitzumachen. Das tat gut nach der langen Zugreise und machte mich fit für Bremen. Ich nahm mir vor, das in Zukunft öfter zu versuchen: unterwegs, wenn es irgendwo möglich ist, eine Yogastunde einplanen. Bevor ich nachmittags nach Bremen weiterreiste, traf ich mich noch mit einem Heimleiter aus Norddeutschland, den ich im Vorjahr auf einer Tagung kennen gelernt hatte. Nach einem anregenden Gespräch, in dem wir feststellten, dass unsere Auffassungen über die sinnvolle Betreuung behinderter Menschen weitgehend übereinstimmten, lud er mich ein, im Herbst für das Team seiner Einrichtung eine Fortbildung durchzuführen. Zudem bot er an, der Leiterin einer ähnlichen Institution in Thüringen vorzuschlagen, mich ebenfalls einzuladen, damit ich die weite Reise nicht nur einer Veranstaltung wegen machen müsste.

Am Abend ging in Bremen der Elternabend über die Bühne. Er fand in den Räumen der Tagesförderstätte des ASB statt, wo ich schon mehrmals gearbeitet habe. Seit meiner ersten Fortbildung dort arbeiten die Einrichtungen des ASB

Bremen konsequent nach meinem Konzept »Ernstnehmen, Zutrauen, Verstehen«[3]. Daher ist mir die Stadt sehr ans Herz gewachsen, und ich freue mich jedes Mal auf das Wiedersehen mit den Kollegen, von denen einige zu Freunden geworden sind. Am nächsten Tag war die Gastvorlesung in der Pädagogischen Hochschule angesetzt. Der Saal war voll, die Diskussion lebhaft und die Teilnehmenden offensichtlich angetan. Auch die Vertreter der Hochschule äußerten sich sehr zufrieden über den Anlass. Den Abend – es war mein letzter – verbrachte ich mit den Bremer Freunden in einem wunderschönen Restaurant, das in einer alten Hafenhalle eingerichtet worden war. Aus dem Fenster konnten wir über die Schiffe hinweg dem Sonnenuntergang zusehen. Es war Mai und sommerlich warm in Norddeutschland, im Gegensatz zur Schweiz, wo ich bei kühlem und keineswegs frühlingshaften Wetter abgereist war.

Ich mag diese Reisen. Es ist immer wieder eine große Befriedigung, wenn ich etwas weitergeben kann, was andere in ihrer praktischen Arbeit brauchen und umsetzen können, und meine Art, es zu vermitteln, gut aufgenommen wird. Auch diesmal war es eine sehr gelungene, anregende Reise, von der ich zwar müde, aber zugleich belebt und voller Elan zurückkam. Ich freute mich über die neuen Kontakte und auf die geplanten Veranstaltungen, an Orten, wo ich bisher noch nicht gewesen war. Es ist schön zu erleben, dass sich auch in späten Jahren immer wieder neue Türen auftun und neue Aufgaben stellen. Das trägt ganz wesentlich zur Lebensqualität bei.

Mit frischer Energie kehrte ich in die Schweizer Provinz zurück. Meine Tochter hatte recht behalten: Die anfängliche Erschöpfung war inzwischen überwunden. Ich empfand im Gegenteil so etwas wie einen Energieschub. Die Neuorientierung, die ich zu bewältigen hatte, bedeutete zwar eine riesige Anstrengung, doch sie setzte auch Kräfte frei. Jetzt, nach fünf Monaten, fühlte ich mich frisch und voller Schaffenskraft. Langsam kristallisierte sich aus dem, was ich seit dem vergangenen Sommer erlebt hatte, die Idee zu einem neuen Buch heraus.

12

Wieder ist Sommer. Nun lebe ich schon über ein halbes Jahr hier. Vieles hat sich eingespielt, ist Alltag geworden. Manches ist überraschend anders, als ich es mir vorgestellt hatte. Enttäuscht hat mich, dass es in unmittelbarer Nähe so wenig Spazierwege gibt, obschon durch die vielen gelben Wanderwegweiser und eine große mit »Wanderland« überschriebene Tafel am Bahnhof L. diese Illusion geweckt wird. Doch diese Wanderwege führen immer wieder streckenweise über Asphaltstraßen. Bis man irgendwo richtig in der Natur ist, braucht es sehr viel länger. Das müsste unter Berücksichtung des Busfahrplanes vorausgeplant werden. Einfach so vom Haus aus eine Stunde spazieren zu gehen war an meinem vorherigen Wohnort in der Stadt einfacher gewesen. Hier sind die Möglichkeiten sehr begrenzt. Ich hätte nie gedacht, dass mir in dieser ländlichen Umgebung gerade das fehlen würde. Immerhin gibt es den Dorfberg in unmittelbarer Nähe. Doch der Weg ist ungewöhnlich steil und geht in die Knie, besonders beim Abstieg. Selbst eine Freundin, die eine geübte Berggängerin ist, hat gestöhnt, als wir bei ihrem ersten Besuch diesen Spaziergang unternahmen, um uns in der Kirche die Fenster mit den schönen Glasmalereien aus dem 15. Jahrhundert anzusehen. Inzwischen habe ich zwei Wege entdeckt, die ihn auf verschiedener Höhe umrunden. Wenigstens diese Möglichkeit gibt es in unmittelbarer Nähe. Und die weiten Wege zu den Entsorgungsstellen für Glas und Grünabfall haben insofern ihr Gutes, als sie zwangsläufig mit einem kleinen Spaziergang verbunden sind.

Natürlich denke ich manchmal, wie praktisch es wäre, hier ein Auto zu haben, um schnell etwas weiter hinauszufahren, wo es wundervolle Möglichkeiten zum Spazieren und Wandern gibt. Doch merkwürdig: Ich kann mir überhaupt nicht mehr vorstellen, Auto zu fahren, ja nicht einmal, dass ich es je getan habe. Dabei bin ich ganz zum Schluss, bevor ich das Auto abgegeben habe, noch in Südfrankreich herumgefahren, wo der Verkehr eine ziemliche Herausforderung ist, und habe das sehr gut bewältigt. Inzwischen ist mir das Autofahren völlig fremd geworden. Das bestätigt mir, wie richtig es war, mit dem Aufhören nicht zu warten, bis ich am Steuer hätte erleben müssen, dass es nicht mehr geht.

Als im Dorfladen die ersten Aprikosen angeboten wurden, habe ich ein Pfund gekauft und versuchsweise Konfitüre gekocht. Sie schmeckte fad. Ich musste mich wohl damit abfinden, dass es ein für allemal vorbei war mit meiner ganz besonderen Aprikosenkonfitüre zum Frühstück. Doch ob es an der Sorte gelegen hatte oder an meiner anfänglichen Voreingenommenheit: beim zweiten Versuch ein paar Wochen später merkte ich eigentlich keinen Unterschied mehr zu früher. Und so steht zum Frühstück wieder meine gewohnte Lieblingskonfitüre auf dem Tisch, und ein kleiner Vorrat an halbierten Aprikosen im Tiefkühlfach wird bis über den Winter reichen. Dass keine Früchte so gut schmecken wie die vom eigenen Baum, ist wohl ein verbreiteter Mythos, dem ich erlegen war. Wenn ich ehrlich bin: eigentlich ist es wesentlich bequemer so, ohne die mühsame Pflückerei. Ist das Zweckoptimismus, wie mir neulich vorgeworfen wurde? Ich glaube nicht.

Große Freude macht mir der wuchernde »Balkongarten«, der mit Hilfe meiner Tochter entstanden ist: eine kleine Wildnis, ein Sammelsurium von Töpfen unterschiedlicher Größen mit Rosen, Iris, Gräsern, Basilikum und anderen Pflanzen, von denen ich nicht mal den Namen weiß. Geranien und Balkonkistchen sind mir ein Greuel. Aber dieses wuchernde Durcheinander mag ich und begieße es gewissenhaft jeden Abend, wenn es nicht regnet. Sogar einen Tomatenstrauch gibt es, und bereits habe ich mit Andacht vier Tomaten verspeist – keine schlechte Ernte aus einem einzigen Topf! Ich bin gespannt, ob aus den sechs grünen Winzlingen, die jetzt noch am Stock hängen, ebenfalls noch richtige Tomaten werden. Doch ich betrachte meinen »Garten« mehr durch die offene Balkontür vom Esstisch aus, als dass ich draußen sitze. Das tue ich überraschend selten, es kommt mir irgendwie komisch vor, so zwischen den Häusern. Das Grün rundherum fehlt mir. In Zürich war ich von Bäumen umgeben, die gibt es hier nicht. Ich hatte mir vorgestellt, dass auf den Freiflächen zwischen den Häusern Bäume gepflanzt würden. Dass das utopisch war, hätte ich mir eigentlich denken können, denn darunter befindet sich die Tiefgarage, da wachsen keine Bäume. Zwar sorgen die Rasenflächen, die zu den Parterrewohnungen gehören, und die Lorbeerhecken, die sie umgeben, für etwas Grün, aber das Ganze wirkt doch recht steril und einförmig. Unglaublich, wie diese kleinen Rasenflächen gepflegt werden, alle paar Tage dröhnt der Rasenmäher über den (in meinen Augen) bereits perfekt gemähten Rasen. Und immer sind es mächtige Motormäher, fast als würde nicht nur um den perfektesten Rasen, sondern auch um den modernsten, größten (und lautesten) Rasenmäher gewetteifert. In Zürich war ich von großen Gärten umgeben gewesen, da gab es ebenfalls lästigen Rasenmäherlärm, wie überall, wo Gärten sind. Doch dort hielt er sich in

Grenzen und war lange nicht so schlimm wie hier, wo die kleinen Rasenflächen gestriegelt und gepützelt werden, bis sie aussehen wie Kunstrasen.

Wie immer ist in den Sommerwochen wenig los. Manchmal ist es mir fast etwas zu ruhig. Die Familie ist auf Reisen während der Schulferien. Wenn sie alle weg sind, fühle ich mich etwas verloren in dieser Gegend. Nicht dass wir uns sonst ständig sehen würden. Doch einfach zu wissen: sie sind da, zehn Autominuten von hier, gibt mir ein Gefühl des Aufgehobenseins. Denn in gewisser Weise fühle ich mich immer noch fremd in dieser Gegend, und das wird wohl auch so bleiben. Manchmal, besonders an Sonntagen, wenn nur ein paar Sonntagsspaziergänger unterwegs sind, empfinde ich die Atmosphäre um mich herum als steril, bieder und etwas bedrückend. Der schweizerdeutsche Ausdruck »es tötelet« trifft diese Stimmung sehr genau. Da fehlt mir dann doch das städtische Flair ringsherum. Ein Körnchen Wahrheit enthalten sie schon, die Vorurteile der Stadtbewohner gegen diese Region. Ich bin zwar in Zürich kaum jemals am Sonntag in die Stadt gegangen, vielleicht mal ins Kino, oder selten einmal zum Bahnhof, um etwas einzukaufen, was ich vergessen hatte. Doch allein die Möglichkeit, es zu können, macht einen entscheidenden Unterschied, vermittelt das Gefühl von pulsierendem Leben rundherum – egal, ob man daran teilnimmt oder nicht.

13

Mein Sohn kann nicht verstehen, dass ich mich für diese Gegend entschieden habe. Ganz heimisch fühlen werde ich mich hier nie, da hat er schon recht. Neulich fiel mir das Programm einer meiner Veranstaltungen vom vergangenen Jahr in die Hand. Es gab mir einen kleinen Stich, als ich hinter meinem Namen »Zürich« las. Es käme mir schon komisch vor, wenn da zukünftig »S.« stehen sollte – dann doch lieber ohne Ortsangabe. Wenn ich im Ausland gefragt werde, wo in der Schweiz ich lebe, habe ich als Erstes auf der Zunge: »in Zürich«. Dann besinne ich mich und sage: »in der Nähe von Zürich«. Das ist nicht ganz falsch und stimmt vom Ausland her gesehen für mich mehr als der Name des Dorfes, in dem ich zwar wohne, aber dem ich mich nicht wirklich zugehörig fühle.

Heimatgefühl – was ist das eigentlich?

Ist es wirklich untrennbar mit der »Scholle« verbunden? Bestimmt nicht ausschließlich, sie ist lediglich *eines* der Elemente, die Heimatgefühl ausmachen und die individuell ganz unterschiedlich ins Gewicht fallen. Für einen Bauern, dessen tägliche Arbeit eng mit dem Land verknüpft ist, auf dem er lebt, wird vermutlich »die Scholle« mehr Heimat bedeuten als – zum Beispiel – für einen Zirkusartisten, der ständig unterwegs ist. Der empfindet vielleicht eher das Zirkuszelt oder seinen Wohnwagen als Heimat – egal wo sich diese gerade befinden. Tätigkeiten und Aufgaben, die als befriedigend und sinnvoll erlebt werden, bedeuten ein Stück Heimat. Ein persönlich gestaltetes häusliches Umfeld – sei es eine Wohnung, ein Haus, das eigene Zimmer, oder eben ein Wohnwagen – ist ebenfalls Teil des Heimatgefühls. Dazu gehören die vertrauten Dinge, mit denen wir uns umgeben, ebenso wie Gewohnheiten, Rituale, Liebhabereien. Und selbstverständlich in erster Linie die Menschen: Familie, Lebenspartner, Freunde, aber auch Nachbarn, Bekannte,

Arbeitskolleginnen. Das alles sind Bausteine, aus denen Heimat sich – für jeden Menschen ein bisschen anders – zusammenfügt. Die Zusammensetzung wandelt sich im Lauf des Lebens. Neue Bausteine kommen hinzu, andere werden an den Rand geschoben oder nicht mehr gebraucht – das Gesamtbild verändert sich. Heimatgefühl kann nacheinander an verschiedenen Orten entstehen, solange man dort lebt, und wieder vergehen, wenn man fortzieht. Es kann aber auch gleichzeitig mehrere Orte umfassen. Frau M. zum Beispiel, die einen Teil ihrer Kindheit in Kanada verbracht und dort viele Freunde hat, empfindet Quebec und Genf gleichermaßen als ihre Heimat.

Was wir an einem Ort erleben, vor allem, *wie* wir es erleben oder erlebt haben, ist entscheidend dafür, ob er uns Heimat bedeutet – oder eben nicht. Manche Menschen empfinden Orte, an denen sie eine glückliche Lebenszeit verbracht haben, als ihre eigentliche Heimat, auch wenn sie schon längst anderswo leben. Andere hassen den Ort, an dem sie geboren und aufgewachsen sind, weil ihnen dort schlimmes widerfahren ist. Ihr Heimatgefühl wurzelt dort, wo sie die Vergangenheit hinter sich lassen konnten. Heimatgefühl bedeutet für jeden Menschen etwas anderes, es ist mit der persönlichen Geschichte verbunden, mit Menschen, mit Aufgaben, mit gelebtem Leben.

Ich habe auch auf Reisen hie und da Heimatgefühle. Orte, an denen ich wiederholt gearbeitet und meine Konzepte vermittelt habe, sind mir ans Herz gewachsen und zu einer Art Heimat geworden, weil etwas von mir dort zurückgeblieben ist, das von anderen weitergeführt wird. Stuttgart, wo ich mich immer nur wenige Tage aufhalte, bedeutet mir so etwas wie Heimat, weil meine Bücher dort erscheinen. Andere Städte waren mir vorübergehend Heimat, als ich dort wohnte, und wurden Erinnerung, nachdem ich wegzog. Es gab Zeiten, in denen ich in meiner Geburtsstadt Zürich lebte und mich dort trotzdem nicht zuhause fühlte. Während der Jahre, in denen meine Kinder heranwuchsen und in die Schule gingen, empfand ich den Vorort, in dem wir damals wohnten, als Heimat. Lange Zeit hatte ich dort das Gefühl, ich sei »angekommen«, heute ist mir der Ort fremd. Als ich später ein neues Berufsleben begann, wurde mir die Stadt Zürich wieder für viele Jahre – und, wie ich glaubte, für immer – zur Heimat. Sie ist es meinem Gefühl nach noch heute, obschon ich nicht mehr dort wohne.

Ich lebe nicht ungern in der »Fremde«, solange mein Alltag stimmt. Dadurch, dass ich kleine Alltagsgewohnheiten entwickle, kann ich mir überall so etwas wie Heimatgefühl verschaffen, auch unterwegs. An Orten, an denen ich öfter zu tun habe, wohne ich gerne immer im selben Hotel und suche die Restaurants und Cafés wieder auf, in denen es mir beim ersten Mal gefallen hat. So habe ich meine festen Plätze in Bremen, in Stuttgart, in Wien und anderswo. In der Zeit, als meine Tochter mit ihrer Familie in San Francisco lebte und ich sie jedes Jahr einmal besuchte, gaben mir der »Good Life«-Laden um die Ecke, wo ich manchmal einkaufte, das Café gegenüber, wo ich gelegentlich einen Espresso trank, und bestimmte kleine Restaurants in der Stadt und am Hafen, die ich jedes mal aufsuchte, das Gefühl, auch in San Francisco ein wenig zuhause zu sein, wenn auch nur vorübergehend.

Wenn die Leute hier auf der Straße oder im Dorfladen ein paar Worte miteinander wechseln, schwingt spürbar gemeinsames Erleben mit und gemeinsame Geschichte. Ich werde meist freundlich gegrüßt, selten einmal misstrauisch beäugt – doch so oder so bin ich keine von ihnen, teile ihre Erinnerungen nicht, gehöre nicht dazu. Selbst äußerlich sehen sie sich irgendwie ähnlich – zumindest die älteren Frauen: Die weißhaarigen Köpfe haben fast alle den gleichen Kurzhaarschnitt. Manchmal weiß ich nicht: Ist das jetzt die Frau vom Haus gegenüber, mit der ich schon mehrmals gesprochen habe, oder eine andere, die ich gar nicht kenne? Auch sind die meisten sehr ähnlich gekleidet, praktisch und etwas bieder: Anorak, bequem geschnittene Hose, Gesundheitsschuhe. Da falle ich wohl schon etwas aus dem Rahmen – oder bilde ich mir das vielleicht nur ein? Auch meine Haare sind kurz und weiß – passe ich vielleicht für andere genauso ins einheitliche Bild? Oder habe ich mich, ohne es zu merken, bereits etwas angeglichen? Manchmal ertappe ich mich dabei zu denken: Ach egal, was ich anziehe, nur für zuhause oder schnell ins Dorf. Doch ich versuche, dem nicht nachzugeben, denn eigentlich weiß ich: Es ist nicht egal, ob mein Spiegelbild mich angenehm oder unangenehm berührt, ob es mich deprimiert oder aufmuntert. Für *mich* ist es nicht egal, für meine Befindlichkeit, selbst wenn ich keinem Menschen begegne. Auch ich mag praktische und bequeme Kleidung, aber ebenso wichtig ist, dass sie zu mir passt, meiner Stimmung entspricht und ich mich darin gut fühle. Kleider sind so etwas wie eine zweite Haut. Sie beeinflussen sowohl das Identitäts- wie das Selbstwertgefühl.

»Nicht ganz dazu Gehören« ist mir nicht unangenehm, im Gegenteil. Ich mag diesen Blickwinkel von etwas außerhalb und finde es spannend, ein neues Lebensumfeld zu erkunden und mir darin meinen Platz zu suchen. »Du machst in Zweckoptimismus«, meinte neulich eine Bekannte skeptisch. Das bekommt auch meine Tochter häufig zu hören von Leuten, die nicht verstehen können, wie sie sich nach acht Jahren San Francisco in einem biederen Schweizer Dorf wohlfühlen kann. Ihre Haltung ist für mich vorbildlich. Dass ihr

Mann in dem Dorf aufgewachsen ist und die Schwiegereltern dort leben, mag ihr einen gewissen Bonus verschaffen, dennoch ist sie dort eine Fremde, die in vieler Hinsicht anders lebt als im Dorf üblich. Doch durch die Offenheit und Neugier, mit der sie dem ungewohnt Anderen, ihr Fremden begegnet, gelingt es ihr überall, ein Stück weit heimisch zu werden. Vielleicht fällt ihr das leichter als anderen, weil für sie alles Stoff ist. Doch ich meine, das gelte nicht nur für Schriftsteller, sondern ganz allgemein: Alles ist Stoff – Lebensstoff. Sich mit diesem Stoff auseinanderzusetzen, andere Lebensumstände, fremde Lebensgewohnheiten und Lebenseinstellungen kennen zu lernen, ist in jedem Fall eine Bereicherung und Horizonterweiterung – auch für eine alte Frau wie mich.

Indem ich diesen »Lebensstoff« mit wachen Augen wahrnehme, auf mich wirken lasse und versuche, einen mir zusagenden Platz darin zu finden, verschaffe ich mir mit der Zeit so etwas wie »Heimatgefühl«, nicht als Einheimische, sondern als Fremde, oder besser: als vorübergehend Niedergelassene. War ich das nicht auch schon andernorts, wo ich zeitweise gelebt habe? Und entspricht dieses »vorübergehend« nicht sehr genau diesem Lebensabschnitt, der doch eine Art Übergang ist und früher oder später in etwas Fremdes, Unbekanntes mündet – den Tod, der unaufhaltsam näher rückt? Nicht dass ich ständig daran dächte; ich bin fest im Leben verankert, habe noch immer Ideen, Pläne und Aufgaben. Doch zugleich ist mir sehr klar bewusst, dass die vor mir liegende Wegstrecke in nicht allzu ferner Zukunft aus der Realität, die ich kenne, hinausführen wird in eine andere, von der ich keinerlei Vorstellung habe, doch deren Nähe ich zunehmend spüre. »Die auf Widerruf gestundete Zeit wird sichtbar am Horizont« – diese wunderbare Zeile aus einem Gedicht von Ingeborg Bachmann[5] kommt mir oft in den Sinn. Auch wenn sie in einem anderen Kontext steht, bringt sie für mich das Lebensgefühl der späten Jahre sehr treffend zum Ausdruck. Die gestundete Zeit ist eine kostbare Gabe. Ich möchte sie nicht damit verschleudern, Vergangenem nachzuhängen, sondern das leben, was jetzt ansteht.

Die späten Jahre als Chance begreifen

»Gewonnene Jahre« war kürzlich ein Artikel überschrieben,[6] der sich mit der länger gewordenen Lebenserwartung befasst und auf die spezifischen Qualitäten und »unausgeschöpften Potenziale« dieser zusätzlichen Jahre hinweist. Oder: der Titel eines Buches, in dem sich die Autorin mit ihrem eigenen Alter auseinandersetzt, lautet (übersetzt): »Alt werden – eine Entdeckung«.[7] Und der St. Galler Soziologe Peter Gross spricht – entgegen der landläufigen Meinung – auch aus gesellschaftspolitischer Sicht vom »Glücksfall Alter«[8]. Das sind erst vereinzelte, aber hoffnungsvolle Hinweise auf einen allmählichen Sinneswandel, und sie nehmen zu. Daneben treibt der Wunsch (und die Allmachtsphantasie), dem Alter ein Schnippchen zu schlagen, nach wie vor seltsame Blüten, mit denen gute Geschäfte gemacht werden. Selbst die Fortpflanzung lässt sich inzwischen mit technischen Mitteln in spätere Jahre verlegen, sodass Frauen mit über 60 noch Kinder bekommen – zum Glück ist es bisher bei wenigen Einzelfällen geblieben.

Ganz allmählich bricht sich die Erkenntnis Bahn, dass es nicht darum geht, »ewig jung« zu bleiben, sondern die spezifische Chance dieser »gewonnenen« späten Jahre zu erkennen und sie bewusst zu leben.

14

In Zürich bin ich im Sommer bei schönem Wetter jeden Tag im See geschwommen. Darauf verzichten zu müssen, wie ich befürchtet hatte, wäre mir sehr schwer gefallen. Die Entdeckung, dass das auch hier möglich ist, war daher eine erfreuliche Überraschung, die wesentlich zu meiner Zufriedenheit mit dem neuen Wohnort beigetragen hat. Der Bus an meiner Straße fährt in einer knappen halben Stunde in die Nähe eines Sees. Von der Haltestelle ist es noch etwa eine Viertelstunde zu Fuß zu meiner bevorzugten Badestelle. Nach ein oder zwei eher enttäuschenden Versuchen an anderen Stellen habe ich dieses wunderbar friedliche Plätzchen entdeckt, idyllisch gelegen, noch viel mehr Natur als am Zürichsee. Der Blick über den stillen See und die schilfgesäumten Ufer beglückt mich täglich aufs neue. Bei klarem Himmel kann man in der Ferne die schneebedeckten Gipfel der Alpenkette sehen. Für schöne Sommertage hat sich eine Routine eingespielt: Ich nehme um neun Uhr den Bus, habe eine Stunde Zeit am See für den Weg und zum Schwimmen, fahre mit dem nächsten Bus zurück und bin um elf wieder zuhause. Der Rhythmus ist vom Fahrplan vorgegeben, der Bus fährt nur einmal in der Stunde. Ich kann also nicht einfach nach Lust und Laune ein wenig länger bleiben, sondern muss genau auf die Zeit achten und allenfalls entscheiden, eine weitere Stunde dranzuhängen. Doch meistens genügt mir die eine Stunde vollauf. Es ist nicht mehr so bequem und unkompliziert wie bisher am Zürichsee, aber durchaus machbar. Entscheidend ist, dass ich täglich schwimmen kann, auch wenn es jetzt etwas mehr Aufwand erfordert. Im See oder im Meer schwimmen – auch das ist für mich Heimatgefühl.

Ich bin am See aufgewachsen. Trotzdem konnte ich als Kind lange Zeit nicht schwimmen, weigerte mich, es zu lernen, ich hatte Angst. Später dann, in der ersten Klasse am Gymnasium, war mir das unendlich peinlich. Der Sportunterricht fand zeitweise im städtischen Hallenbad statt, alle anderen konnten schwimmen, nur ich nicht. In jenem Sommer bin ich an jedem schulfreien Nachmittag mit der Straßenbahn zu einem Schwimmbad am Zürichberg gefahren, obwohl wir doch ganz nahe beim See wohnten – aber dort hätte ich nicht alleine üben können. Im Schwimmbecken habe ich mich mit etwas Abstand vor den Rand gestellt und versucht, zu diesem hin zu schwimmen, erst mit einem Zug, dann mit zwei, mit drei, mit vier Zügen – ich vergrößerte den Abstand immer etwas mehr, bis ich es konnte. So lernte ich schwimmen, ganz für mich allein, Zug um Zug. Seither gehört für mich das Schwimmen, das sich einlassen in die Weite des Wassers, untrennbar zum Sommer.

Erinnerungen an Seen und Meeresküsten. Die erste Reise nach Italien mit sechzehn, zum ersten Mal im Meer schwimmen, war ein überwältigendes Erlebnis. Später die Sommerferien mit den Kindern in Südfrankreich, wir wohnten im Landesinnern, fuhren aber jeden Tag an die Küste. Die Spiele im Sand, als sie klein waren, ihre ersten Schwimmversuche mit den »Flügelchen«. Mein Schreck, als mein winziger Sohn, der gerade erst gehen konnte, plötzlich vom Sandspielen aufstand, zielstrebig zum Wasser stapfte und geradewegs immer weiter hineinmarschierte, bis ihm das Wasser über den Kopf stieg – ich konnte ihn gerade noch rechtzeitig packen und herausziehen. Nie werde ich sein verdutztes Gesicht direkt unter dem Wasserspiegel vergessen.

Kalte Bergseen, in denen es nur ganz kurz auszuhalten war. Aber welche Wohltat, sich auf einer sommerlichen Bergwanderung in diesem kristallklaren Wasser abzukühlen. Es kostete mich jedes Mal Überwindung, aber das Wohlgefühl danach, die Frische, das Prickeln auf der Haut – unbeschreiblich.

Ein Tag in Kalifornien, sehr viel später, zu Besuch bei Kollegen in einem abgelegenen Haus in den Bergen hinter San Diego. Nach dem Lunch schlugen sie einen Spaziergang zum »Pond« vor, der sich auf ihrem Grundstück befand. Was sie so nannten, erwies sich als richtiger kleiner See, den ich zum Schwimmen ganz für mich allein hatte. Die anderen gingen nicht ins Wasser. Ich schwamm weit hinaus, rundherum nur die kargen Hügel, der Himmel. Kein Mensch, kein Haus weit und breit, Stille – und das alles gehörte ganz selbstverständlich zu dem riesigen Grundstück, auf dem das einfache Haus stand, das sie bewohnten. Ebenfalls unvergesslich und etwas makaber: in Australien, auf einem Ausflug in den Regenwald, das Picknick an einem kleinen See, wo ich als einzige die – vom Reiseleiter ausdrücklich angepriesene – Gelegenheit zum Schwimmen nutzte. Auch da hatte ich den See für mich allein, rundherum Büsche, Bäume, über mir der Himmel. Als ich aus dem Wasser kam, meinten zwei junge Männer, die am Ufer standen und eigentlich auch hatten schwimmen wollen, sie hätten es doch lieber gelassen, weil sie im Wasser eine ziemlich gefährliche Schlange gesichtet hätten. Ich weiß bis heute nicht, ob die Männer das ernst meinten oder ob sie mich nur hochnehmen wollten.

Im Oktober vor ein paar Jahren mit meiner Tochter und dem jüngeren Enkel an der Atlantikküste im Süden Portugals. Das Wasser war sehr wild, ich schaffte es nicht, die hohen Wellen am Ufer zu überwinden und hinaus zu schwimmen. Ich musste zurückbleiben und sah voller Neid zu, wie meine Tochter hinter dem Wellenkamm, wo das Wasser ruhiger war, mit sichtlichem Genuss weit ins offene Meer hinausschwamm. Bestürzt und traurig, dass ich das nicht – nicht mehr – konnte, ging ich ins Hotel zurück. Am nächsten Tag nahm sie mich bei der Hand, half mir über den Wellenkamm hinweg, und zusammen schwammen wir ins offene Meer hinaus. Es war ein zutiefst beglückendes Erlebnis, das zu den schönsten Meereserinnerungen meines

Lebens gehört, einer dieser unvergesslichen Glücksmomente, die sich tief in die Seele einprägen – und zugleich eine Wegmarke auf meiner Lebensreise, Sinnbild für den Rollenwechsel, der mit dem Alter einhergeht, für die Stabübernahme durch die nächste Generation. Das war eine neue Erfahrung für mich: Ich schaffe etwas, das mir viel bedeutet, nicht mehr alleine – doch wenn ich an der Hand genommen werde und mir helfen lasse, geht es. Etwas wehmütig war das schon, doch zugleich wunderbar, mich der Hand meiner Tochter anzuvertrauen und ihr die Führung zu überlassen. In diesem Augenblick wurde mir klar, dass ich beides in Zukunft vermehrt erleben würde: am Rand bleiben, zuschauen und verzichten müssen, aber auch manchmal von einem nahe stehenden Menschen an der Hand genommen werden, der mir über das Hindernis hinweghilft.

15

An jedem schönen Sommertag nehme ich mir die Zeit für den Ausflug an den See. Auf dem Rückweg kaufe ich noch schnell im Dorfladen neben der Bushaltestelle ein. Zuhause mache ich mir einen Espresso und setze mich an den Schreibtisch. Die Frische vom See hält noch lange vor, ich spüre sie den ganzen Tag im Körper, wenn ich in der angenehm kühlen Wohnung bleibe. Das tue ich meistens an heißen Tagen. So leide ich kaum unter der Hitze, die mir mit zunehmendem Alter mehr und mehr zu schaffen macht. Dass sich in diesem Neubau die Hitze genauso gut aussperren lässt wie zuvor in dem alten Haus mit den dicken Mauern, hatte ich nicht erwartet. Doch meine Befürchtungen erwiesen sich als unbegründet. Genau wie dort bleibt die Temperatur den ganzen Tag über angenehm, wenn ich nachts die Fenster offen lasse, sie morgens wieder zumache und die Rollläden herunterlasse. So kann ich auch an heißen Tagen gut arbeiten. Dass ich in diesen ruhigen Sommerwochen wieder an einem neuen Buch schreibe, trägt wohl entscheidend dazu bei, dass sich allmählich so etwas wie Heimatgefühl einstellt. Wenn ich schreibe, bin ich zuhause, wo immer der Schreibtisch steht.

Über dem täglichen Schwimmen und Mich-ins-Schreiben-Einspinnen vernachlässige ich die Yogaübungen, die ich sonst fast jeden Tag mache. Auch die Yogaschule in A. macht Sommerpause. Seit dem Frühjahr nehme ich dort einmal in der Woche am Unterricht teil. Auch das gibt mir so etwas wie »Heimatgefühl«, denn Yoga ist ein wichtiger Ausgleich für mich, bei dem ich körperlich und seelisch auftanken kann. Mit Esoterik allerdings habe ich nichts im Sinn. Ich halte mich an die Atem- und Körperübungen des Hatha Yoga. Sie sind genau das, was ich jetzt brauche für mein physisches und psychisches Wohlbefinden. Dieser ganzheitliche Zugang wirkt sich auf Körper und Geist aus, fördert Beweglichkeit und Kraft ebenso wie Gelassenheit und inneres Gleichgewicht. Bei den unzähligen Arten und Abarten, die heutzutage angeboten werden, ist es jedoch sehr wichtig – und gar nicht so einfach –, für sich das Richtige zu finden. Deshalb hatte ich fest vorgehabt, nach dem Umzug weiterhin bei meiner langjährigen Lehrerin in Zürich zu bleiben, nicht nur, weil ihre Stunden ausgezeichnet sind und mir sehr zusagen, sondern auch, weil sie mir persönlich nahe steht und ich vermeiden wollte, dass sie eine Teilnehmerin verliert. Ihre Räumlichkeiten sind eher bescheiden, und sie hat angesichts der Fülle modischer Studios, die in Zürich wie Pilze aus dem Boden schießen, einen schweren Stand. Die meisten ihrer Schülerinnen und Schüler kommen schon seit Jahren zu ihr, neue Interessenten melden sich nur selten.

Wenn jemand aus irgendeinem Grund aufhört, fällt das für sie ins Gewicht. Leider stellte sich heraus, dass die Kurszeiten mit meinen Zugverbindungen sehr schlecht zu vereinbaren waren. Den Beginn um eine halbe Stunde zu verschieben, hätte das Problem gelöst. Die Lehrerin war sofort dazu bereit – nicht so die anderen Kursteilnehmerinnen. Obwohl sie an keine beruflichen Verpflichtungen gebunden und ihre Männer bereits pensioniert sind, fanden sie es unzumutbar, das Mittagessen eine halbe Stunde später aufzutischen oder das Kaffeekränzchen, zu dem sie sich jeweils nach der Stunde trafen, etwas abzukürzen. Ihre Reaktion war ein Schock, der mich unerwartet traf. Schlimm fand ich vor allem die Art, wie es geschah. Als die Lehrerin am Ende einer Stunde die Frage stellte, sagten alle diskussionslos ja. Das war mir gleich nicht ganz geheuer, denn danach war die Stimmung in der Garderobe eisig, eine stumme Feindseligkeit lag, nahezu körperlich spürbar, in der Luft. Und tatsächlich: Gleich anschließend beim Kaffee, bei dem ich nicht dabei war, nahmen sie ihre Zusage zurück. Sicher, es war ihr gutes Recht, nein zu sagen, damit hatte ich rechnen müssen. Doch dass es nicht offen ausdiskutiert wurde, sondern hintenherum geschah – dieses Verhalten von doch immerhin erwachsenen Frauen konnte ich nicht begreifen. Es ging ja nicht nur um mich, sondern auch um die Lehrerin, die nicht wieder eine Teilnehmerin verlieren sollte. Ich hatte gehofft, das wäre auch diesen Frauen, die alle schon seit vielen Jahren zu ihr kamen, ein Anliegen und Grund genug, um ein Entgegenkommen zumindest zu erwägen – wenn nicht meinetwegen, so doch ihr zuliebe. Dass das nicht Fall war, hat mich fast noch mehr erschüttert als die Tatsache, dass ich einer Kontinuität beraubt wurde, die mir gerade jetzt, da ich mich so vielen Veränderungen stellen musste, besonders wichtig gewesen wäre und die ich nach meinem Umzug unbedingt hatte beibehalten wollen. Das wurde mir auf unschöne Weise verwehrt. Ich war verletzt und fühlte mich ausgestoßen.

Die Frauen hatten es wahrscheinlich nicht so verletzend gemeint. Sie konnten sich wohl einfach nicht in meine Lage versetzen und nachempfinden, wie wichtig es mir gewesen wäre, gerade jetzt diese Stunde beibehalten zu können. Sie waren zu träge und zu schwerfällig, den gewohnten Zeitplan um eine halbe Stunde zu verändern oder das auch nur in Betracht zu ziehen. Nachträglich muss ich sagen: So sehr mich das damals geschmerzt hat, im Endeffekt hat es mir neue Möglichkeiten eröffnet und mich weiter gebracht.

Gewohntes darf nicht zur Fessel werden

Einer der vielen Widersprüche, die das Altwerden mit sich bringt: Gewohntes zu verändern fällt uns zunehmend schwerer und zugleich müssen wir uns mit immer mehr Veränderungen abfinden, sowohl in den persönlichen Lebensbedingungen wie im Umfeld – Läden und Lokale verschwinden, Dienstleistungen werden abgebaut, Regelungen ändern sich usw. Doch verknöchertes Beharren auf dem bisher Gewohnten macht uns das Leben nicht leichter, im Gegenteil. Es wird zur Fessel, welche die Beziehungen zu anderen Menschen erschwert und uns um die Möglichkeit neuer Erfahrungen bringt. Wir kennen es wohl alle, dieses Festhalten-Wollen am Gewohnten, und wir müssen uns einen Ruck geben, um uns nicht davon bestimmen zu lassen, sondern sehr genau zu überlegen: Bedeutet mir dieses Gewohnte wirklich so viel und warum? Was würde geschehen, wenn ich es aufgeben oder etwas daran ändern müsste? Oft merken wir dann, dass die Folgen eigentlich gar nicht so schlimm wären. Denn genauso wichtig ist die Gegenfrage: Was verliere ich, wenn ich an dieser Gewohnheit festhalte? Welche Auswirkungen hat es für mich, für andere? Und ist das Beharren auf dem Bisherigen das wert? Erst wenn wir das klarer sehen, können wir abwägen. Und wie immer dann die Entscheidung ausfällt: Entscheidend ist, dass wir eine Alternative zum Gewohnten überhaupt in Erwägung gezogen und uns damit auseinandergesetzt haben. Das allein verändert schon etwas, erweitert die Perspektive, wirkt Verknöcherung und Erstarrung entgegen.

In L., nicht weit vom Bahnhof, entdeckte ich ein Yogastudio. Das wäre sehr praktisch, ich könnte zu Fuß hingehen. Doch die Leiterin machte am Telefon einen seltsam unsicheren und komplizierten Eindruck, der mir nicht behagte. Zudem war sie nicht bereit, mir eine (bezahlte) Probestunde zu gewähren, sondern verlangte, dass ich mich gleich für das ganze Quartal verpflichte. Darauf wollte ich mich nicht einlassen. Im Internet suchte ich nach weiteren Möglichkeiten im näheren Umkreis und stieß auf eine Yogaschule in der Kantonshauptstadt A. Dorthin braucht der Zug nur sechs bis acht Minuten, und es gibt stündlich mehrere Verbindungen. Die Leiterin war mir schon am Telefon sehr viel sympathischer. Was sie über ihre Arbeitsweise sagte, klang gut, die Kurszeiten lagen günstig. Wir vereinbarten nach der Osterpause eine Probelektion.

Die Stunde war anspruchsvoll und anstrengend, und die Teilnehmenden waren mehrheitlich jung. Doch es handelte sich zum Glück nicht um das modische »Power Yoga« – das wäre nichts für mich gewesen, sondern um grundlegende Formen des Hatha Yoga. Viele Übungen waren mir vertraut, wenn auch in etwas anderer Form, manche waren mir neu. Es ist immer wieder erstaunlich, wie viele Formen existieren und wie unterschiedlich Yoga praktiziert werden kann. Nach der Stunde war ich total erschöpft, spürte meine Muskeln an Stellen, wo ich gar keine vermutet hätte – und fühlte mich wunderbar. Ich meldete mich für das ganze Quartal an.

Ich brauchte einige Zeit, um mich an die neue Vorgehensweise zu gewöhnen. Anfangs reagierte mein Körper unwillkürlich in der gewohnten Weise, und oft hatte ich das Gefühl, ich würde es nicht schaffen und meine Kräfte überfordern. Manchmal sehnte ich mich nach den Stunden in Zürich zurück. Doch irgendwie war ich fasziniert von dem, was hier praktiziert wurde, und mit der Zeit sagte es mir immer mehr zu. Es tat ausgesprochen gut, neu und anders an Übungen heranzugehen, die ich seit langem zu beherrschen glaubte. Ich lernte manches dazu, konnte eingeschliffene Fehler und Nachlässigkeiten korrigieren und machte, wie mir schien, sogar kleine Fortschritte.

Es lassen sich also auch noch mit fünfundsiebzig Fähigkeiten nicht nur erhalten, sondern sogar noch ein wenig verbessern. Das ist eine sehr ermutigende Erfahrung.

Die Stunden tun mir ausgesprochen gut, und meine Tochter findet sogar, man sehe mir das an. Sie beschäftigt sich seit Jahren intensiv mit Yoga, kennt die verschiedensten Ansätze, hat umfassende Erfahrungen mit guten und weniger guten Lehrkräften diesseits und jenseits des Ozeans und ist inzwischen selber sehr kompetent. So hatte sie mir für die kurslose Zeit ein speziell auf meine Bedürfnisse (und Schwachpunkte!) zugeschnittenes Übungsprogramm aufgezeichnet, das mir beim Üben zuhause immer noch außerordentlich hilfreich ist und das, was im Kurs geboten wird, sinnvoll ergänzt. Was ich ihr von diesem Kurs erzählte, machte sie neugierig. Nach der Sommerpause besuchte sie ebenfalls eine Probestunde. Sie war begeistert und meldete sich an. Sie, die viele Vergleichsmöglichkeiten hat, findet die Lehrerin ausgezeichnet. Für mich bedeutet es eine zusätzliche Freude, diese wöchentliche Stunde mit ihr gemeinsam zu haben – ganz abgesehen von dem sehr angenehmen Nebeneffekt, dass ich danach nicht mehr zum Bahnhof eilen muss, sondern mit ihr im Auto zurückfahren kann und viel früher zuhause bin. Ein bisschen stolz bin ich schon, dass es mir gelungen ist, in dem mir unvertrauten Umfeld ein so gutes Angebot zu entdecken, das sogar ihren Ansprüchen genügt.

16

Anfang September zehn Tage Ferien am Meer in Südfrankreich. Bereits im vergangenen Jahr habe ich dafür eine neue Form finden müssen. Ohne Auto ist der seit vielen Jahren gewohnte und sehr geliebte Aufenthalt in dem kleinen Dorf im Hinterland nicht mehr möglich. Von dort war mir St. Raphael vertraut, es war für uns sozusagen ein Ausflug in die Stadt, wo wir manchmal einkauften, einen Kaffee tranken oder ins Restaurant gingen. Gelegentlich haben wir auch hier gebadet. Der Strand ist sehr angenehm, von der städtischen Betriebsamkeit rundherum merkt man praktisch nichts. Ich verbrachte letztes Jahr dort eine sehr angenehme Woche, ein- oder zweimal kam mein Sohn mich besuchen, der zufällig zur gleichen Zeit in der Gegend war, wir gingen zusammen schwimmen, einmal in der Bucht von Agay, wo wir auch früher gelegentlich hingefahren waren.

Dieses Jahr ist eine Cousine, 20 Jahre jünger als ich, für ein Wochenende mit dabei. Sie hat vorgeschlagen, am Sonntag ein Auto zu mieten und ein bisschen ins Landesinnere zu fahren. Wie schön und eigenartig, von ihr über die vertrauten Straßen chauffiert zu werden, auf denen ich jede

Kurve und beinahe jede Unebenheit kenne. Unzählige Male bin ich in den vergangenen 45 Jahren dort gefahren, mit meinem Mann, mit den Kindern, später – inzwischen auch schon wieder seit vielen Jahren – allein oder mit der einen oder anderen Freundin. Ich zeigte meiner Cousine das Haus, das wir vor fünfundvierzig Jahren entdeckt haben, damals ein »Cabanon« mit zwei Räumen, ohne Elektrizität, das wir sehr bescheiden bewohnbar gemacht haben und aus dem mit den Jahren durch Ergänzungen ein recht geräumiges, etwas verschachteltes – und immer noch angenehm unprätentiöses – Haus geworden ist. Freunde von meinem Sohn sind gerade dort, mit Baby und Hund. Das hatten wir nicht gewusst. Ich hatte ihn nicht erreichen können, und da es im Haus kein Telefon gibt, hatten wir auch nicht direkt dort nachfragen und eventuelle Gäste vorwarnen können. Wir entschuldigen uns für den Überfall und wollen uns nur kurz ums Haus herum umsehen. Doch sie bitten uns sehr freundlich ins Haus, und wir gehen durch alle Zimmer. Was habe ich hier nicht alles erlebt, Hochs und Tiefs, Glücksmomente und Krisen – es würde Bände füllen – seltsam, hier quasi als Eindringling freundlich willkommen geheißen zu werden. Eine leise Wehmut beschleicht mich, doch kein Bedauern, kein: warum kann ich jetzt nicht hier sein? Dieses Kapitel meines Lebens ist vor zwei Jahren zu Ende gegangen.

Vierzig Jahre lang war der Sommer für mich untrennbar mit diesem Ort verbunden, den ich über alles geliebt habe und aus meinem Leben nicht hätte wegdenken können. Jetzt ist er daraus verschwunden. Ich denke gerne an ihn zurück, aber er fehlt mir nicht. Es gibt immer noch so viel zu entdecken. Entscheidend ist, sich am Gewohnten nicht festzuhaken, sondern offen zu sein für Neues – nicht erst im Alter.

Nichts ist von Dauer

Von Geburt an sind wir unterwegs von einem Lebensabschnitt zum anderen: Kindheit, Jugend, erwachsen werden, erwachsen sein, die Schule hinter sich bringen, Ausbildungen durchlaufen, einen Beruf ergreifen, Beziehungen aufbauen, Kinder bekommen, alt werden – jede Stufe ist ein fließender Übergang zur nächsten. Das Vorübergehende geschieht in früheren Jahren unmerklicher, es ist uns weniger deutlich bewusst, und wir tun uns leichter damit als im Alter, weil wir es als Vorwärtsbewegung erleben, weil wir Ziele haben und Vorstellungen, wohin der Weg führen soll, und weil wir auf diesem Weg manches selber entscheiden – aber nicht alles.
In jedem Lebensabschnitt gibt es Veränderungen, über die wir keine Macht haben, solche, die Rückschritte bedeuten, solche, die schmerzlich sind und die wir als Schicksalsschläge hinnehmen, aber auch solche, die uns weiterbringen und die wir dankbar als glückliche Fügung erleben. Und es gibt Veränderungen, die wir selber in die Wege leiten: weil wir neue Erfahrungen sammeln, den Horizont erweitern, vorwärtskommen oder unsere Lebenssituation verbessern wollen, später dann im Bestreben, etwas Dauerhaftes zu schaffen: eine feste Beziehung eingehen, eine Familie gründen, sesshaft werden, sich im Beruf etablieren.
Die späten Lebensjahre sind eine Übergangsphase anderer Art: Was auf Dauer angelegt war, wird brüchig, geht zu Ende oder muss aufgegeben werden. Zwar ist es immer noch eine Vorwärtsbewegung, doch sie ist nicht mehr auf Ziele ausgerichtet, die wir uns selber stecken, sondern auf etwas ganz und gar Unbekanntes, das wir weder anstreben noch uns vorstellen können.

Es ist ein wunderschöner, klarer Tag, und auf dem Rückweg fahren wir zu einer Bucht, die während vieler Jahre meine Lieblingsbucht war. Doch ohne Auto komme ich da nicht mehr hin, und so ist es eine große, unerwartete Freude für mich, hier noch einmal schwimmen zu können. Nur wenige Badende sind da, das Meer ist ganz klar. Ein tiefes Glücksgefühl erfüllt mich. Auch hier ist für mich ein Stück Heimat: So viele Erinnerungen an wunderbare Momente und auch traurige verbinden mich mit dieser Bucht.

War es vor zehn Jahren, vor fünfzehn? Ich war mit einer Freundin für ein paar Tage in Bagnols. Wir wollten gerade losfahren zum Strand, als die Nachbarin über den Zaun rief, sie habe einen Anruf bekommen und solle mir ausrichten, dass A. gestorben sei. A. war eine junge Frau, die ich gut kannte, ihr Tod kam nicht unerwartet, sie war schwer krank. Doch er ging mir aus verschiedenen Gründen sehr nahe. Um meine Freundin, die bereits im Auto saß, nicht länger warten zu lassen, steckte ich schnell einen Briefblock ein und schrieb unten am Strand, während sie im Meer badete, einen Brief an A.'s Eltern. Ich sehe noch vor mir, wie der Wind das Papier zerzauste und die Schrift von meinen Tränen verwischt wurde.

Ich bin meiner Cousine sehr dankbar, dass sie mit mir hierher gefahren ist und dass ich diesen wunderschönen Ort noch einmal in mich aufnehmen konnte – wohl zum letzten Mal. Doch, wer weiß … Das Thema ist zum ständigen Begleiter geworden: Wahrscheinlich ist es das letzte Mal – doch andererseits … man kann nie wissen, was in Zukunft vielleicht doch noch alles möglich sein wird.

Die neue Art der Ferien sagt mir zu. Früher wäre das nichts für mich gewesen, aber jetzt finde ich es angenehm, im Hotel zu wohnen, direkt am Meer, nur über die Straße zum Schwimmen zu gehen, mich in den verschiedenen kleinen Restaurants an den gedeckten Tisch zu setzen, keine Haushaltpflichten mehr, nicht einkaufen müssen – all das ist wunderbar bequem und erholsam. An den Strand gehe ich nur zum Schwimmen, dort herumliegen sagt mir nichts, und so bleibt mir trotz Ferienfaulheit Zeit zum Schreiben. Die Tage vergehen wie im Flug, schwimmen, schreiben, essen, schlafen, ein bisschen bummeln. Früher war ich sehr viel lieber im Hinterland, trotz der lästigen täglichen Fahrt ans Meer. Sie wurde mehr als aufgewogen durch die wunderbaren langen Sommerabende auf der Terrasse in der ländlichen Stille, den Blick über das Tal auf den gegenüberliegenden Hügel, der sich in vierzig Jahren kaum verändert hat, außer dass die Korkeiche mächtig gewachsen ist und daher jetzt einen anderen Bildausschnitt freigibt. Diese Abende habe ich nun nicht mehr, und ein bisschen fehlen sie mir schon. Doch auch an der Küste haben die Abende ihren eigenen Reiz: Beim Abendessen kann ich durchs Restaurantfenster zusehen, wie die Sonne im Meer untergeht.

Schon haben sich hier wieder kleine Gewohnheiten eingespielt: der Kiosk, an dem ich morgens meine Zeitung hole, das Café, in dem ich sie bei einem Espresso lese, die zwei oder drei Restaurants, in denen ich abwechselnd esse. Und schon ist auch hier das Spannungsfeld spürbar zwischen Bleibendem und Sich-Veränderndem. In einem »meiner« keinen Restaurants, wo ich im letzten Jahr sehr herzlich verabschiedet wurde und versprechen musste, im nächsten Jahr unbedingt wieder zu kommen, scheinen sie mich nicht mehr zu kennen. Ein anderes ist umgebaut worden und die Leitung hat gewechselt. In einem jedoch wurde ich von der Wirtin gleich freudig begrüßt und auf das freundlichste bewirtet.

Einmal mehr habe ich in diesen Ferien erfahren, wie es

beides braucht: Vertrautes beibehalten, um Kontinuität zu erleben, Vertrautes loslassen, um Raum zu schaffen für neue Erfahrungen.

17

Ganz unvermittelt ist es Herbst geworden. Die Kälte traf mich wie ein Schock, als ich aus Südfrankreich zurückkam. Eine Stunde zuvor war ich bei fast dreißig Grad in Nizza abgeflogen, und hier waren es nicht einmal mehr zehn. Erst Mitte September – und schon hatte es nachts den ersten Frost gegeben. Doch kurz darauf wurden wir mit einer Reihe wunderschöner Herbsttage beschenkt. Der Herbst ist meine liebste Jahreszeit. Ich mag die Frische, die Klarheit, die Farben, die wechselnden Stimmungen, wenn sich der Morgennebel lichtet. Vom Schreibtisch sehe ich, wie sich am Dorfberg, auf dem die kleine Kirche steht, die Bäume langsam bunt färben.

Nie zuvor und nie wieder seither habe ich Herbstbäume in so intensiven Farben gesehen wie in New England, auf meiner ersten Amerikareise in den 1970er Jahren. Als ich zurückkam, erschienen mir die bunten Herbstwälder zuhause, die mir sonst immer so gefielen, blass und farblos. Ich war zum ersten Mal in Amerika, und es war zugleich nach vielen Jahren die erste Reise allein, ohne meinen Mann, der inzwischen zuhause nach dem Rechten sah. Ich hatte mich für ein 14-tägiges Psychodrama-Seminar in Beacon, upstate New York, angemeldet. Das Trainingszentrum dort war die ehemalige Wirkungsstätte von Jakob Moreno Levy, dem Begründer des Psychodramas und Pionier der Gruppenpsychotherapie. Der österreichische Arzt und Psy-

chiater war 1925 nach Amerika ausgewandert und übernahm später die psychiatrische Klinik in Beacon, wo er eine veritable Theaterbühne einbauen ließ und seine Methode des Psychodramas perfektionierte.

Ein paar Jahre zuvor hatte ich in Wien eine eindrückliche Begegnung mit Moreno gehabt. Wir waren zur Feier seiner Ernennung zum Ehrendoktor der Universität Wien eingeladen. Beim anschließenden Mittagessen im Rathauskeller saß ich neben ihm. Er war damals schon ein sehr alter Mann und sagte freundlich zu mir: »Entschuldigen Sie, wenn ich nicht mit Ihnen rede, ich habe schon so viel geredet in meinem Leben – jetzt mag ich nicht mehr.« Diese Ehrlichkeit, dieses ungeachtet aller Konventionen Zu-sich-Stehen hat mich damals sehr beeindruckt. Und noch einmal beeindruckt war ich am nächsten Tag in Vöslau, einem Ort in der Nähe von Wien, wo Moreno in jungen Jahren als Gemeindearzt gewirkt hatte. Dort wurde zu seinen Ehren am ehemaligen Arzthaus eine Gedenktafel angebracht. Dieses Haus stand am Weg zum Schwimmbad, es war ein sehr heißer Tag, für die Ehrengäste, Moreno und seine Frau Zerka, standen zwei Stühle in der Mitte des kleinen Platzes in der prallen Sonne. Wir übrigen Gäste mussten stehen, was den Vorteil hatte, dass wir uns am Rand des Platzes in den Schatten der Bäume stellen konnten. So standen die Stühle der beiden Ehrengäste ganz allein in der Mitte des leeren Platzes, den hin und wieder Leute – leicht befremdet von der seltsamen Szene – auf ihrem Weg zum Schwimmbad überquerten. Mit abwesendem Blick hörte sich Moreno die Festreden der Honoratioren an. Ich befürchtete, er würde einen Hitzschlag erleiden. Dann wurde er aufs Podium geführt, und es sah aus, als würde er jeden Moment zusammenbrechen. Doch als er oben stand und um sich blickte, hellte sich sein Gesicht plötzlich auf, seine Augen blitzten, und er begann, als wäre es gestern gewesen, von seiner Zeit als Gemeindearzt zu erzählen, von den vielen unterschiedlichen

Menschen, die seinen Rat suchten und ihn, wenn sie kein Geld hatten, mit einem Schinken oder einem Huhn bezahlten. Für eine knappe halbe Stunde stand da ein lebhafter, fast jugendlicher Mann, dem das Engagement für seine dörflichen Patienten noch deutlich anzumerken war. Dann fiel er wieder in sich zusammen und wurde vom Podium heruntergeleitet. Sofort drängten sich mehrere ältere Menschen um ihn: »Herr Doktor wissen's no, ich bin der soundso, ich war doch damals bei Ihnen, als ich den Unfall hatte …« »Herr Doktor, kennen's mi no? Sie haben doch damals mein böses Bein wieder gesund gemacht.« »Dass ich Sie noch einmal sehe, Herr Doktor nach all der Zeit, können's sich an mi no erinnern, ich bin die und die …« Unvergesslich wie in diesem müden alten Mann für eine kurze Zeit noch einmal der aufblühte und sichtbar wurde, der er einmal gewesen war. Wenig später starb er.

Vor der Weiterreise nach Beacon hatte ich zwei Tage für mich in New York. Ich wohnte in einem ziemlich schäbigen Hotel, das mir Freunde empfohlen hatten. Damals war New York berüchtigt als unsichere Stadt. Fast täglich meldeten die Medien Überfälle auf Touristen. Offenbar hatte das auch meine elfjährige Tochter irgendwie mitgekriegt, denn bald nach meiner Ankunft bekam ich einen Brief von ihr: »Liebe Mama, wie geht es Dir? Bist Du schon ausgeraubt und ermordet?« Amerika-Reisenden wurden damals alle möglichen Ratschläge mitgegeben: eine Kopie vom Pass machen und den Pass im Hotelsafe aufbewahren lassen! Niemals gemeinsam mit Unbekannten den Lift benutzen! Wie macht man das, wenn man bereits im Lift ist und auf einem anderen Stockwerk jemand zusteigt? Genau das passierte mir gleich am ersten Abend. Der Lift hielt unterwegs, und ein schwarzer Mann kam herein. Klassische Situation, dachte ich, was nun? »I like your coat«, sagte er freundlich und hielt mir, als wir unten ankamen, die Lifttüre auf. Das war eine gute Lektion, gleich zu Anfang, um europäische Klischees über Ame-

rika und »die« Amerikaner in Frage zu stellen. Und es war zugleich meine erste Begegnung mit der in Amerika sehr verbreiteten Sitte, Unbekannten im Vorübergehen etwas Nettes zu sagen. Oberflächlich? Und wenn schon. Ich finde dieses abschätzige europäische Urteil überheblich. Wir wollen ja nicht mit jedem Menschen im Lift, mit jedem Kellner und jeder Verkäuferin eine Freundschaft fürs Leben eingehen. Doch die unverbindlichen kleinen Freundlichkeiten am Rande machen den Alltag wesentlich angenehmer. Wie oft denken wir, oh dieses Kleid gefällt mir, was für eine freundliche Kassiererin usw., aber wir sagen es nicht. Warum eigentlich nicht? Auch Kindern gegenüber sagt man viel eher, was man an ihnen auszusetzen hat. Dass man sich über sie freut, behält man meistens für sich oder nimmt es für selbstverständlich. Jedenfalls war das früher so, inzwischen hat sich da wohl einiges geändert – hoffentlich.

Ich lernte manches in diesen beiden Tagen in New York. Kein Kellner schüttelte mitleidig den Kopf, weil ich den Kaffee erst nach dem Dessert bestellen wollte und nicht davor, wie es dort üblich ist. Beschämt dachte ich daran, wie herablassend wir in Europa oft die Nase rümpfen über amerikanische Touristen, weil sie mit unseren Bräuchen – den einzig richtigen, versteht sich – nicht vertraut sind. Die Erfahrungen der ersten Tage halfen mir, vorgeprägte Bilder über Bord zu werfen und mich mit wacher Neugier auf diese unbekannte Welt einzulassen.

Die Stadtkulisse von New York allerdings kam mir merkwürdig bekannt vor. Weshalb erschienen mir manche Straßenzüge und Ecken so vertraut? Und hatte ich dieses oder jenes Gebäude nicht schon einmal gesehen? Doch wo nur? Natürlich – im Kino! »Breakfast at Tiffany's«, Woody Allen … viele Filme, die ich gesehen hatte, spielten in New York. Ein seltsam unwirkliches Gefühl, jetzt einfach so hier herumzugehen – als sei ich selber in einen Film hineingeraten. Auf die Aussichtsplattform des Empire State Building würde ich sicher nicht hinauffahren, viel zu touristisch, hatte ich vor der Reise beschlossen. Doch als ich unversehens davor stand, tat ich es doch und war überwältigt von dem Blick auf dieses steinerne Monument menschlichen Pioniergeistes, aber auch menschlicher Hybris. Mir schien, als breite sich da unten auch ein Stück europäischer Geschichte vor mir aus, die Geschichte jener, denen Europa zu eng war, die hier ihre Träume und ihre Größenphantasien in Stein verwirklichten, aber auch die Geschichte derer, die der alte Kontinent abgeschoben hatte, weil er sie nicht ernähren konnte oder weil sie sich nicht an die herrschenden Regeln hielten, und die Geschichte derer, die hofften hier ihren Traum von Freiheit leben zu können. Viele von ihnen waren das, was man heute abschätzig als »Wirtschaftsflüchtlinge« bezeichnet. Gerade aus der ländlichen Schweiz mussten im 19. Jahrhundert viele Menschen auswandern, durchaus nicht freiwillig, weil die kargen Höfe nicht alle Familienmitglieder ernähren konnten. Manche Gemeinden entledigten sich ihrer »armengenössigen« Einwohner – so lautete bis vor nicht allzu langer Zeit die in der Schweiz gebräuchliche Bezeichnung für Sozialhilfeempfänger –, indem sie ihnen die billigste Schiffspassage nach Amerika buchten und sie zwangsweise abschoben.

Vielleicht hängt es mit dieser Geschichte zusammen, dass ich in Amerika von Anfang an und besonders dann später in Kalifornien, bei aller Fremdheit zugleich immer so etwas wie ein »Heimatgefühl« empfunden habe. Es war, als würde ich in den Spiegel eines Lebens blicken, das auch ich gelebt haben könnte: das der Nachkommen von Auswanderern. Wie fast in jeder Familie, hat es auch unter meinen Vorfahren Auswanderer gegeben, allerdings nicht in die USA, sondern nach Argentinien. Trotzdem hatte ich in Amerika immer sehr intensiv das Gefühl, einer nicht gelebten Seite von mir selbst zu begegnen. Die Geschichte vieler Menschen hier hätte in dieser oder jener Form auch die meine sein können.

Der Nobelpreisträger für Literatur des Jahres 2008, Le Clézio, sprach in einem Interview davon, »mehreren Geschichten anzugehören«. Das hat mich neugierig gemacht auf diesen Autor, vom dem ich noch nie etwas gelesen habe, obschon mir seine Bücher beim Stöbern in französischen Buchhandlungen immer wieder in die Hände gekommen sind. Das werde ich nachholen, obwohl oder gerade weil die (deutschsprachigen) Literaturkritiker so vehement gegen diese Preisvergabe polemisiert haben. Oft sind es die interessantesten Bücher, die mit dem Verdikt »keine Literatur« abqualifiziert werden.

18

Im November reise ich nach Norddeutschland zu den vereinbarten Fortbildungen in zwei Einrichtungen für Menschen mit Autismus. Zuerst eine in Thüringen, es ist das erste Mal, dass ich Gelegenheit bekomme, mein Konzept in der ehemaligen DDR bzw. in den neuen Bundesländern vorzustellen. Damit die Reise nicht zu ermüdend wird, übernachte ich in Kassel. Ein glücklicher Zufall will es, dass die Heimleiterin dort wohnt. Sie wird mich am nächsten Morgen im Auto nach Bleicherode mitnehmen und am Abend wieder zurück nach Kassel fahren. Das erleichtert mir die Reise sehr, einmal weniger umsteigen, ein bequemes Hotel gleich am Bahnhof Wilhelmshöhe. Der Nachteil: Außer der Einrichtung und kurzen Blicken auf der etwa einstündigen Fahrt bekomme ich kaum etwas von der Gegend mit. Dass hier immer noch eine andere Welt ist, lässt sich auf der Durchfahrt durch den Ort erahnen. Die Straßenzüge mit den alten Fachwerkhäusern sind gut instand gehalten, aber bei weitem nicht so zurechtgemacht wie in Westdeutschland. Alles wirkt bescheidener und erinnert an frühere Jahrzehnte.

Die Fortbildung verläuft sehr gut. Zu meiner Überraschung haben sich 50 Leute versammelt. Die Heimleiterin hat aus beiden Häusern, denen sie vorsteht, alle nur irgendwie abkömmlichen Mitarbeiter zusammengetrommelt. Möglichkeiten, sich zeitweise in kleinere Gruppen aufzuteilen, sind nicht vorgesehen. Hier sind die Leute noch gewohnt, bei solchen Anlässen hauptsächlich zuzuhören und selber kaum aktiv zu werden. Das war anfangs in Tschechien genauso, doch im Verlauf des länger dauernden Kurses, den ich im vergangenen Jahr dort durchgeführt habe, konnten die Teilnehmenden nach und nach zu aktiverem Mitgestalten angeregt werden. Wenn, wie hier, nur ein Tag zur Verfügung steht, um die notwendigen Inhalte zu vermitteln, und bei einer so großen Gruppe, ist das kaum möglich. Umso eindrücklicher die Geduld und Aufmerksamkeit, mit der die Teilnehmenden bei der Sache sind. Die Rückmeldungen zum Schluss sind ausnahmslos positiv und zum Teil sehr berührend.

Am nächsten Vormittag, vor der Weiterreise nach Norden, habe ich Zeit, mich ein wenig in Kassel umzusehen, das für mich mit vielen Erinnerungen verbunden ist.

Meine allererste Deutschlandreise führte nach Kassel. Das muss ungefähr 1951 gewesen sein, ich war noch ein halbes Kind und reiste mit dem Nachtzug, 3. Klasse, Holzbänke – so war das damals. Entfernte Verwandte wohnten dort, die mich mit unkomplizierter Herzlichkeit bei sich aufnahmen. Diese warmherzige Gastfreundschaft und selbstverständliche Hilfsbereitschaft trotz ärmlicher Verhältnisse beeindruckten mich damals sehr. Das kannten wir in der eher spröden Schweiz so nicht. Diese ganz spezielle Gestimmtheit begegnete mir im Nachkriegsdeutschland jener Jahre immer wieder. Später, im Verlauf des wachsenden Wirtschaftswunders, hat sie sich mehr und mehr verloren.

Ich erkenne die Stadt, die damals noch zu einem beträchtlichen Teil in Trümmern lag, kaum mehr wieder, obschon ich auch später noch mehrmals dort war. Doch hier: an das Fridericianum und an die davor liegende Parklandschaft erinnere ich mich von der »Documenta« her, die mein Mann und ich mehrmals besucht haben. Auch an dem Hotel komme ich vorbei, wo wir jeweils übernachteten. Plötzlich fällt mir ein: Da war ich doch schon viel früher einmal, lange vor meiner vermeintlich »allerersten« Deutschlandreise, genau hier in diesem Hotel, das damals anders ausgesehen hat, inzwischen zerstört und wieder aufgebaut wurde. Doch an die Straßenecke erinnere ich mich ganz genau: Da stiegen wir aus dem Auto.

Das war auf einer Reise mit meinem Vater, 1939, kurz vor Kriegsausbruch. Der Arzt hatte für meine Schwester, die häufig an Angina litt, einen Aufenthalt an der Nordsee empfohlen. So fuhr mein Vater in den Sommerferien mit uns beiden und einem »Kinderfräulein« in den Norden. Meine Eltern waren seit meinem zweiten Lebensjahr geschieden und unversöhnlich verfeindet. Meine Schwester lebte bei meinem Vater – deshalb das »Kinderfräulein« – und ich bei meiner Mutter. Ferien und Sonntagsbesuche bei der »Gegenseite« waren gerichtlich genauestens geregelt. Diese vorgeschriebenen Besuche waren immer ein Albtraum für mich – und umgekehrt für meine Schwester wohl auch. So hatte ich mich auf diese Reise keineswegs gefreut. An der deutschen Grenze wurden wir von uniformierten Männern kontrolliert, die auf seltsame Weise grüßten. »Papa, warum sagen die Männer hier ›Aledor‹ statt ›Grüezi‹?« fragte ich. Mein Vater hüstelte verlegen und gab keine Antwort. Erst als wir wei-

terfuhren, erklärte er mir, die Zollbeamten hätten nicht »Aledor«, sondern »Heil Hitler« gesagt, das sei jetzt hier so üblich, aber wir sollten das nicht tun, sondern einfach »guten Tag« sagen. Sehr viel später erzählte mir mein Vater, wir hätten ihn auf dieser Reise noch öfter in Verlegenheit gebracht, weil wir bei jeder unpassenden Gelegenheit lauthals französische Kinderlieder zum Autofenster hinausgeschmettert hätten. Ein früheres »Kinderfräulein« meiner Schwester hatte sie uns beigebracht, doch nachdem sie fort war, hatten wir uns stets standhaft geweigert, sie zu singen. Ausgerechnet jetzt, auf der Fahrt durch das kriegsbereite Deutschland, waren sie uns wieder in den Sinn gekommen. Auf dieser Reise also kamen wir am ersten Abend, ziemlich spät, nach Kassel und übernachteten dort in einem Hotel.

Vor eben diesem Hotel stehe ich jetzt, fast siebzig Jahre später, und plötzlich werden Erinnerungen wach an eine Reise, an die ich jahrelang nicht mehr gedacht hatte.

Die Weiterfahrt gestaltete sich ziemlich mühsam, immer wieder wurden wir von Militär angehalten und umgeleitet, hier kämen wir nicht durch, die Straße sei gesperrt. Eigentlich wollten wir nach Sylt, aber das ging nicht mehr – militärische Sperrzone, wurde meinem Vater beschieden. Wir übernachteten dann in Husum – ich fand den Namen seltsam, wohl deshalb habe ich ihn mir gemerkt. Nach einigem Hin und Her landeten wir schließlich in St. Peter an der Nordsee. Für das Kinderfräulein und uns beide hatte sich dort noch ein Hotelzimmer gefunden. Mein Vater musste sich in der Umgebung eine Unterkunft suchen. Am nächsten Tag zeigte er uns, wo er untergekommen war. Ich sehe das reetgedeckte Bauernhaus mit dem Storchennest auf dem Dach noch deutlich vor mir, auch die niedrige, dunkle Kammer, in der mein Vater schlief. Auf dem Bett lag ein dickes, rotweiß kariertes Federbett, um das ich ihn beneidete. So eines hätte ich zu gerne auch gehabt. Sonst habe ich wenig Erinnerungen an diese Ferien. Bei Ebbe war das Meer sehr weit weg, das endlose Gehen durch den Sand fand ich mühsam und langweilig. Bei Flut machte mir die Brandung Angst und ich war sehr enttäuscht, weil das aufblasbare Gummipferd, das meine Mutter mir zum Geburtstag geschenkt hatte, wegen der hohen Wellen hier gar nicht zu gebrauchen war. Schwimmen konnte ich ohnehin nicht. Einmal war ein großes Kinderfest im Ort, Soldaten marschierten durch die Hauptstraße, Jugendliche in einer Art Pfadfinderuniform spielten Ziehharmonika und sangen Marschlieder. An die herumstehenden Kinder wurden Berliner Pfannkuchen verteilt. Zu unserer Empörung verbot uns mein Vater zuzugreifen. »Das war eine Nazi-Veranstaltung«, erklärte er uns später, »von denen nehmen wir keinen Kuchen«. Das verstanden wir Kinder überhaupt nicht und nahmen es ihm noch tagelang übel.

Meine Mutter hatte darauf bestanden, dass ich keinen Tag länger blieb als gerichtlich vereinbart. Da aber meine Schwester aus gesundheitlichen Gründen länger bleiben sollte, musste mein Vater meinetwegen extra in die Schweiz reisen, um mich zurückzubringen, Er beklagte sich bitter über diese Zumutung, beschloss dann aber, über Berlin zu fahren, wo er noch einen Geschäftsbesuch machen wollte, und von dort den Nachtzug nach Zürich zu nehmen. Die Reise im Schlafwagen fand ich ungeheuer spannend, vor allem die Zwischenhalte, wenn im Halbschlaf auf einmal Lichter auftauchten und aus Lautsprechern die Namen von unbekannten Städten ertönten. Von Berlin sind mir nur zwei Bilder geblieben: eine Terrasse an einer baumbestandenen Straße, wo mein Vater ein Bier trank und ich ein Eis bekam – es muss wohl »Unter den Linden« gewesen sein, jedenfalls glaubte ich, mein Erinnerungsbild später auf Photos vom alten Berlin wiederzuerkennen. Das zweite Bild, das ich noch vor mir sehe: ein Büro, in dem mein Vater lange mit einer blonden Frau sprach. Viel später habe ich sie noch einmal gesehen. Wir besuchten sie auf einer kurzen Deutschlandreise, Anfang der 1950er Jahre. Sie lebte damals irgendwo im Allgäu in einem ehemaligen Ferienhaus, ihr Mann war im Krieg gefallen und die Berliner Wohnung ausgebombt. Ich hatte mich gewundert, warum mein Vater unbedingt für diesen Besuch einen ziemlich großen Umweg machen wollte. Erst viel später, nach seinem Tod, erfuhr ich aus Briefen und Gedichten, die ich in seinem Nachlass fand – nie hätte ich geahnt, dass mein Vater Gedichte geschrieben hatte –, von einer innigen, aber unerfüllbaren Liebe zwischen ihm und dieser Frau. Staunend entdeckte ich eine leidenschaftlich-emotionale Seite an meinem Vater, die mir völlig neu war und die ich hinter seinem eher harschen Gebaren nie vermutet hätte.

Bevor ich nachmittags weiterfahre, treffe ich mich am Bahnhof »Wilhelmshöhe« mit der Leiterin einer dem Arbeiter-Samariter-Bund angeschlossenen Einrichtung in der Nähe von Kassel, die mich für zwei Fortbildungen im nächsten Jahr angefragt hatte. Wir besprechen den Inhalt und vereinbaren Termine für Frühling und Herbst. Die Agenda für das kommende Jahr füllt sich immer mehr.

Nächste Station Hitzacker. Freundlicherweise werde ich in Uelzen von Herrn M., dem Leiter der Einrichtung, abgeholt. Das erspart mir das Umsteigen und die langwierige Weiterfahrt mit dem Regionalzug. Zudem steht ein Castor-Transport bevor, und Herr M. hatte befürchtet, dass es auf der weiteren Bahnstrecke Schwierigkeiten geben könnte. Beim Aussteigen staune ich über den ungewöhnlichen Bahnhof: Er kommt mir vor wie eine Mischung von anthroposophischer Architektur und Hundertwasser. Tatsächlich sei die Neugestaltung des alten Bahnhofs in Uelzen das letzte Werk Hundertwassers, kurz vor seinem Tod, erfahre ich von Herrn M.

Die Gegend ist nebelverhangen, und da es schon sehr früh dunkel wird, nehme ich nur schemenhaft wahr, dass wir durch eine wunderschöne Landschaft mit prächtigen Bäumen fahren. An manchen Stellen ist die nahe Elbe zu erahnen, auf der anderen Seite liegt bereits Mecklenburg-Vorpommern. Nach einem kurzen Umweg durch das Städtchen, von dem ich wenigstens einen Eindruck bekommen soll, bringt mich Herr M. zum Parkhotel. Tatsächlich ist das so eine Art Kurhaus mit Wellnessbereich und Schwimmbad. Auf die Idee, einen Badeanzug mitzunehmen, bin ich leider nicht gekommen. Üblicherweise werden mir bei solchen Verpflichtungen keine Hotels mit Schwimmbad geboten. Am Abend ist wie für alle anderen Gäste bereits ein Tisch für mich reserviert, offenbar kommt hier niemand auf die Idee, anderswo als im Hotel zu essen, vermutlich gibt es gar keine Möglichkeit dazu. Das Zimmer ist schlicht, doch angenehm, irgendwie erinnert es mich an die sechziger Jahre. Das Wendland war früher so genanntes »Zonenrandgebiet«, deshalb hat es sich nicht so rasant entwickelt wie andere Gegenden und viel von seiner Ursprünglichkeit behalten.

Im Zimmer liegen allerhand Prospekte, die zu Ausflügen in die Umgebung einladen, unter anderem wird die Stadt Ludwigslust mit einem sehenswerten Schloss erwähnt, die nicht weit von hier am anderen Elbufer in Mecklenburg-Vorpommern liegt. Ludwigslust … da ist sie schon wieder, die Reise von 1939.

In Ludwigslust hatten wir auf dem Weg nach Berlin übernachtet. Mein Vater sprach mich später oft darauf an: »Weißt Du noch, als wir beide in Ludwigslust waren?« Das hatte ihm offensichtlich etwas bedeutet, ich jedoch kann mich nur noch verschwommen erinnern, wie wir im Dunkeln an einem hell beleuchteten Hoteleingang vorfuhren, und dass es abends im Re-

staurant gebratene Leber mit Apfelscheiben gab. Viel später, zu DDR-Zeiten, bin ich mit meinem Mann auf dem Weg von Hamburg nach Berlin noch einmal dort vorbeigekommen (wenn ich mich recht erinnere, durfte man damals lediglich durchfahren nach Westberlin, aber nicht unterwegs anhalten). Alles wirkte grau und trostlos. Über die Straße gespannte Transparente mit Parolen waren die einzigen Farbtupfer.

Die Fortbildung am nächsten Tag findet im kleineren der beiden Häuser der Einrichtung statt, in einem kleinen, verwunschenen Dorf, die Bauernhöfe aus dunkelrotem Backstein mit tief herabgezogenen Dächern. Wieder erhasche ich auf der Fahrt hierher trotz Nebel und Nieselregen Bilder von einer zauberhaft schönen Landschaft. Vor allem die wundervollen Bäume beeindrucken mich. Prachtexemplare dieser Größe habe ich noch kaum irgendwo gesehen (außer in Neuseeland, wo sie noch viel größer sind). Offenbar ist das Klima hier für das Wachstum der Bäume besonders günstig. Hinter einer Bahnüberführung sind im Hinblick auf den bevorstehenden Castor-Transport mehrere Busse der Bundespolizei stationiert, frierende Polizisten vertreten sich die Füße.

Auch hier sind die Mitarbeitenden sehr aufgeschlossen für das, was ich ihnen vermitteln will. Ich habe den Eindruck, dass in dieser Einrichtung bereits ein wenig in diesem Sinn gearbeitet wird. Sie wurde Anfang der 1980er Jahre gegründet und bietet 34 Plätze für schwer beeinträchtigte erwachsene Menschen mit Autismus, für die damals keinerlei geeignete Angebote zur Verfügung standen. Wie anspruchsvoll und schwierig sich der Arbeitsalltag mit ihnen oft gestaltet, verdeutlichen die von den Betreuenden geschilderten Beispiele. Was sie täglich leisten, ist bewundernswert.

Für die Mittagspause nimmt man sich, wie in Norddeutschland bei solchen Anlässen üblich, nur wenig Zeit. Noch während wir an der Arbeit sind, werden bereits Berge von Wurstbroten aufgetischt, denen kräftig zugesprochen wird. In der Pause kommt eine – für mich etwas seltsame – Suppe dazu, eine Art Minestrone mit viel Hackfleisch, in der Ananasstückchen schwimmen. Norddeutsche Küche mit asiatischem Einfluss? Oder die kreative Idee einer kochenden Bewohnerin? Auf jeden Fall ungewöhnlich. Die Rückmeldungen am Ende des Tages sind wieder durchwegs positiv. Die Teilnehmenden fühlen sich bestärkt und bestätigt und haben, wie sie sagen, nützliche Impulse und Anregungen bekommen.

Müde und zufrieden verbringe ich einen ruhigen Abend im Hotel. Am nächsten Morgen fährt mich Herr M. wieder nach Uelzen. Uns bleibt Zeit für einen Kaffee, und ich bekomme noch etwas mehr von diesem ungewöhnlichen Bahnhof zu sehen. In zwei Stunden bringt mich der Zug nach Hannover, wo ich einen Zwischenhalt mache und nachmittags eine Yogastunde besuche, zufällig bei derselben Lehrerin wie beim letzten Mal, sodass ich mich auch hier schon fast ein wenig zuhause fühle. Am nächsten Tag bringt mich die Bahn, trotz vorausgesagter möglicher Verspätungen, bequem und pünktlich nachhause. Die deutsche Bahn ist besser als ihr Ruf, stelle ich immer wieder fest – vermutlich hatte ich bisher einfach Glück. Amüsantes Nachspiel: Ausgerechnet durch den Fernsehkrimi am Sonntagabend werden die Tage dort noch einmal lebendig: Er spielt im Wendland, und die Schauplätze der Handlung kommen mir ganz vertraut vor.

19

Wieder haben sich auf dieser Reise neue Wirkungsbereiche und Möglichkeiten aufgetan, Fortsetzungsveranstaltungen sind geplant und der Einbezug weiterer Organisationen angedacht. Das ist höchst erfreulich und befriedigend – und zugleich zwiespältig, wenn ich daran denke, wie wenig Zeit mir noch bleibt. Einmal mehr wünschte ich mir, ich könnte die Zeit anhalten und diese so erfüllten Jahre ein wenig in die Länge ziehen.

Gegenspuren

Gegenläufige Spuren prägen das Lebensgefühl der späten Jahre: Einerseits wissen wir, dass unsere Lebenszeit sehr bald abläuft, andererseits engagieren wir uns nach wie vor im Heute und machen Pläne für morgen. Es ist gar nicht so einfach, beiden Spuren zu folgen. »Sowohl als auch« zu denken fällt uns schwer – nicht erst im Alter. Schon in jüngeren Jahren haben wir Mühe, zwiespältige Gefühle zuzulassen und widersprüchliche Situationen auszuhalten. Wir neigen dazu, uns stets eindeutig auf eine Seite zu schlagen, so als wäre es Verrat, die andere auch nur mit zu bedenken. »Ich bin traurig über die Trennung von meinem Partner, doch ich fühle mich auch erleichtert« – selten wagt jemand, sich so etwas einzugestehen, geschweige denn es auszusprechen.
Schwarz-Weiß-Optik dominiert fast alle Lebensbereiche, private wie öffentliche, und verhindert die für jede Entscheidung oder Problemlösung so unerlässliche Differenzierung. Doch einseitiges Schwarzmalen hilft ebenso wenig weiter wie das vielbeschworene ausschließlich »positive« Denken. Befriedigende und gangbare Wege lassen

sich nur finden, wenn alle Aspekte, auch widersprüchliche, in Betracht gezogen werden. Nicht entweder schwarz oder weiß, sondern beides zu sehen, einschließlich der dazwischen liegenden mannigfachen Grauschattierungen – das ist im Alter notwendiger denn je. Wir müssen unsere Beeinträchtigungen genauso erkennen wie die Möglichkeiten, die uns trotz und mit ihnen weiterhin offen stehen – und manchmal durch sie überhaupt erst in unser Gesichtsfeld rücken.

Wer nur »weiß« sieht und angeblich keinerlei Alterserscheinungen bei sich feststellt, macht sich und anderen etwas vor. Umso schlimmer dann der Schock. Denn irgendwann können auch vermeintlich »junge« alte Menschen ihre Beeinträchtigungen nicht mehr länger ausblenden. Bei manchen kippt die Stimmung schlagartig um, sobald sich körperliche Beschwerden unangenehm bemerkbar machen. Ganz plötzlich fühlen sie sich alt und vermögen dem Leben nichts Gutes mehr abzugewinnen.

Ob ich denn am Altsein überhaupt irgendetwas Gutes finden könne, hat mich Herr F. neulich sarkastisch gefragt. Bis vor kurzem hatte er sich zu diesen »jungen Alten« gezählt, denen die Jahre – angeblich – nichts anhaben. Dass ihn die unvermeidlichen Spuren des Alterns jetzt eingeholt haben, wirft ihn völlig aus der Bahn. Er sieht sich als Opfer einer Krankheit, die ihn ungerechterweise befallen hat, und verbringt viel Zeit in den Wartezimmern von Ärzten und – mehr oder weniger seriösen – Therapeuten, von denen er erwartet, dass sie ihn von seinen Beschwerden befreien. Doch da sie keine Wunder vollbringen und die ewige Jugend nicht herbeizaubern können, schimpft er über ihre Unfähigkeit und beklagt sich bitter, dass ihm niemand helfen könne. Er sieht nur noch schwarz. Die leidigen Beschwerden sind für

Herrn F. zum zentralen Lebensinhalt geworden, um den sich alles dreht. Nichts Anderes mehr ist ihm wichtig.

Etwas haben, das Sinn und Inhalt gibt

Das ist die notwendige Gegenspur zu den nachteiligen Veränderungen, die das Alter uns beschert: etwas zu haben, das einem wirklich wichtig ist, wichtiger als alle Beschwerden. Etwas, das dem Leben auch in den späten Jahren Sinn und Inhalt gibt. Das fehlt vielen Menschen. Wenn das, was ihnen früher Sinn und Inhalt bedeutet hat, nicht mehr möglich ist, sehen sie nichts Anderes, das an dessen Stelle treten könnte. Doch dieses Andere fällt uns nicht einfach so zu. Wir müssen uns darum bemühen. Vielleicht haben wir uns schon früher Gedanken darüber gemacht, vielleicht müssen wir erst noch danach suchen. Manchmal lässt sich an Bisheriges anknüpfen, doch muss eine andere Form dafür gefunden werden. Vielleicht kommen wir auf etwas ganz Neues, das uns bisher völlig fern gelegen hat. Oder es wird vielleicht jetzt etwas möglich, das uns schon immer gelockt hätte, aber bisher nie zum Zug kommen konnte – der Varianten sind viele.
Ein eindrückliches Beispiel ist Herr C., Arzt, Universitätsprofessor, eine international anerkannte Kapazität auf seinem Fachgebiet: In seiner Jugend spielte er einige Jahre Klavier und Orgel, musste aber dann sein Engagement in der Musik wegen des Medizinstudiums und der großen Belastung in seiner beruflichen Karriere zurückstecken, doch die Liebe zur Musik war geblieben. Nach seiner Emeritierung nahm er diesen Faden wieder auf und machte erfolgreich ein Berufsstudium in Orgel und Kirchenmusik. Heute versieht er eine Stelle als Organist im Teilamt und ist damit rundum zufrieden und glücklich.

Jeder Mensch muss selber herausfinden, was für ihn das Richtige ist. Es hängt von der Persönlichkeit ab, den Lebensumständen, der Biographie, aber auch von der inneren Einstellung. Oft wird die Suche erschwert durch Wunschvorstellungen, die sich zu sehr am Vergangenen orientieren. Erst wenn wir uns davon lösen, werden neue, andere Möglichkeiten sichtbar. Achtsamkeit auf die Signale des Organismus hilft bei der Suche, denn sie weisen den Weg zu dem, was *jetzt* möglich und sinnvoll ist.

Ich staune immer wieder, wie sich – parallel zu abnehmenden Kräften und sich wandelnden Fähigkeiten – leise und fast unmerklich auch die Bedürfnisse verändern. Offenbar passt sich der Organismus sehr viel selbstverständlicher und schneller an neue Bedingungen an als die Vorstellungen, die sich in unseren Köpfen festgesetzt haben.

Heute macht mir ein kleiner Spaziergang genauso viel Freude wie früher ein großer. Nach einem zweistündigen Ausflug empfinde ich dieselbe wohlige Müdigkeit und körperliche Zufriedenheit wie in jüngeren Jahren nach einer langen Wanderung. Ich habe keine große Lust mehr auf weite Reisen, obwohl es noch einige Orte auf der Welt gäbe, die ich immer hätte sehen wollen, und andere, die ich gerne noch einmal wiedersehen würde. Ich esse nur noch halb so viel wie früher, aber mit ebensoviel Genuss. Nach wie vor trinke ich gern ein gutes Glas Wein, aber eine Flasche hält wesentlich länger vor als früher, nicht nur, weil ich weniger vertrage – ich habe gar keine Lust auf mehr. In jüngeren Jahren hätte ich nie tagsüber schlafen können, selbst wenn ich noch so müde war. Inzwischen brauche ich einen kurzen oder manchmal auch einen etwas längeren Mittagsschlaf, um die nötige Energie für den Nachmittag aufzutanken. Selbstverständlich ist das nicht immer möglich, zum Beispiel während eines Seminars oder einer Fortbildung. Es gelingt mir zwar immer noch, die Müdigkeit zu überlisten und auf den Abend zu vertagen, doch geht es sehr viel mehr an die Substanz als früher. Entsprechend erschöpft bin ich am Ende einer Veranstaltung. Deshalb habe ich mir inzwischen angewöhnt, stets nachzufragen, ob eventuell eine Möglichkeit besteht, mich mittags irgendwo hinzulegen, und wenn es nur für eine Viertelstunde ist. Und siehe da – es ist viel öfter möglich als erwartet. Meist gibt es irgendwo eine Matratze, ein Sofa, eine Massageliege oder sogar ein Bett in einem Zimmer, das nicht gebraucht wird. Das empfinde ich als Wohltat. Lieber verzichte ich auf das Mittagessen, das nur zusätzlich müde macht, und begnüge mich mit einem Sandwich, einem bisschen Salat oder Obst. Während der Arbeit bin ich ohnehin nie hungrig. Zudem mag ich nicht auch in der Mittagspause in Gespräche verwickelt werden und Fragen beantworten müssen. Um am Nachmittag wieder voll präsent zu sein, muss ich abschalten können. Nach getaner Arbeit bin ich dafür dann doppelt hungrig und gönne mir ein ausführliches, geruhsames Abendessen.

20

Fast ein Jahr ist seit dem Umzug vergangen. Das Leben hier hat sich eingespielt, ist selbstverständlich geworden, mit Vor- und Nachteilen, Annehmlichkeiten und Ärgernissen, wie es sie überall anderswo auch gäbe. Es ist *mein* Leben geworden.

Wieder scheint die Wintersonne ins Zimmer – allerdings nicht so oft wie im letzten Jahr. Es ist wieder einmal einer dieser gleichförmig kalten, grauen Winter, wie sie alle paar

Jahre vorkommen und wie ich sie gar nicht mag. Bereits Ende Oktober hat es zum ersten Mal geschneit, und seit Wochen ist es bitter kalt. Den Wetterbericht brauche ich mir gar nicht mehr anzuschauen, er zeigt seit Wochen das gleiche Bild: Hochnebel (mit anderen Worten: ein stumpfgrauer Deckel, durch den nur selten ein Sonnenstrahl bricht), Temperaturen hartnäckig unter Null – Tendenz sinkend. Und wenn dann nach Wochen endlich ein Wetterwechsel angekündigt wird, besteht er darin, dass die Nebeldecke von einer Wolkendecke abgelöst wird; eine Warmfront heißt im Klartext 1–3 Grad plus statt 1–3 Grad minus. Ob die Medien später wieder vermelden werden, der Winter sei zu warm gewesen? Seltsam, wie einseitig immer nur diese eine Auswirkung der Klimaerwärmung betont wird. Die andere wird kaum jemals erwähnt: dass die schmelzenden Gletscher den Golfstrom abkühlen, was dazu führen kann, dass es in manchen Gegenden kälter wird. Wissenschaftler weisen zwar immer wieder einmal auf diese Variante hin, aber sie wird kaum zur Kenntnis genommen. Die Baugesellschaft scheint in dieser Hinsicht ebenfalls einäugig gewesen zu sein: Um den seltsamen Teich, der das Gelände ziert, wurden Palmen und Olivenbäume gepflanzt, als wären wir am Mittelmeer. Ich bin gespannt, wie sie diesen harten Winter überstehen.

Die Siedlung ist fertig gebaut, die Bewohner sind eingezogen. Man sieht und hört wenig von ihnen, vor allem jetzt im Winter. Es herrscht eine gewisse Anonymität hier, die ich durchaus schätze. Die Stimmung ist freundlich, das ist die Hauptsache. Man grüßt sich im Vorübergehen, weiß ungefähr, wer wo wohnt, mehr oder weniger jedenfalls. In einem der größeren Häuser leben hauptsächlich ältere Ehepaare, unverkennbar Einheimische, die vermutlich genau wie ich auf die alten Tage ihr Haus aufgegeben haben. Mehrere Häuser scheinen durchwegs von italienischen Familien oder »Secondos« bewohnt. (So nennt man in der Schweiz die hier aufgewachsene zweite Einwanderergeneration.) Die Baugesellschaft hat sich bei der Planung offensichtlich auf diese Bewohnergruppe eingestellt: Es gibt sogar eine Bocciabahn auf dem Gelände. Allerdings habe ich noch nie gesehen, dass sie von jemandem benutzt wird, ebenso wenig wie die seltsamen und wenig einladenden Unterstände, die auf den freien Plätzen zwischen den Häusern errichtet wurden und die wohl für häuserübergreifende Parties oder ähnliches gedacht sind. Ich bin ganz froh, dass davon bisher nie Gebrauch gemacht wurde, denn eine dieser »Festhütten« befindet sich direkt unter meinem Schlafzimmerfenster. Doch meine Befürchtungen, dass in den Sommernächten dort ständig laute Betriebsamkeit herrschen würde, haben sich erfreulicherweise nicht bestätigt.

Auch in »meinem« Haus geht es eher zurückhaltend zu, was ich sehr angenehm finde. Man kennt sich und wechselt gelegentlich ein paar freundliche Worte, wenn man sich auf der Treppe oder im Kellergang begegnet. Mehr scheint niemand zu wollen. Etwas näheren Kontakt gibt es eigentlich nur auf der jährlichen Hausversammlung, die bisher erst einmal stattgefunden hat. Doch ich bin ziemlich sicher, dass gegenseitige Hilfsbereitschaft vorhanden wäre, wenn sie gebraucht würde. Es leben ganz unterschiedliche Menschen im Haus: Singles, Paare, verschiedene Altersstufen, Schweizer, Deutsche und eine türkische Familie.

Mit Frau A., einer liebenswürdigen jungen Frau, die auf sehr selbstverständliche und selbstbewusste Weise ein Kopftuch trägt und mit ihren wachen Augen keineswegs einen unterwürfigen oder eingeschüchterten Eindruck macht, hatte ich neulich eine lustige Begegnung am Briefkasten. Wir sprachen kurz über das kalte Wetter, ich machte eine Bemerkung wegen der mangelhaften Schneeräumung. Sie lachte und meinte: »Wissen Sie, was sagt mein Mann? Die ist wie wir, die ist offen, die sagt, was sie denkt, gefällt mir.« Ich war sprachlos. Wie kam er bloß darauf? Außer im Vorübergehen haben wir uns nur ein einziges Mal getroffen, bei der ersten Hausversammlung, wo ich tatsächlich der Verwaltung ein paar kritische Fragen gestellt hatte. Aber das ist fast ein Jahr her. Ach, ja, und im Sommer hatte der Bub einmal an meiner Tür geklingelt und wollte Geld sammeln für die Fußball-EM. Ich hatte überhaupt keine Lust, dafür etwas zu spenden, und tat es natürlich trotzdem – mit der Bemerkung, ich fände es nicht richtig, dass die Schüler für solche Sammelaktionen benutzt würden. Die Bemerkung habe ich hinterher bedauert, obwohl ich sehr deutlich betont hatte, dass meine Kritik nicht ihm, sondern der Schulbehörde galt. Offenbar hat er das zuhause erzählt – und siehe da, es ist gut aufgenommen worden.

Sich selber treu bleiben

Einmal mehr die Erfahrung: Es bewährt sich, ehrlich zu sein und sich selber treu zu bleiben, auch wenn es im Moment manchmal bequemer wäre, dem Gegenüber nach dem Mund zu reden. Das konnte ich nie. Ich habe immer gesagt, was ich denke, und mich damit nicht nur beliebt gemacht. Mit dem Alter bin ich zurückhaltender geworden, aber doch grundsätzlich dabei geblieben. Ein prominenter Jubilar hat sich kürzlich in einem Interview zu dem Grundsatz bekannt, man solle nicht immer sagen, was man denke, aber nie etwas sagen, was man nicht denke – eine beherzigenswerte Maxime. Sich selber treu bleiben, auch im Alter – ohne starrsinnig zu werden – ist wichtig für das seelische Gleichgewicht. Wer sich selber untreu wird, untergräbt seine Identität. Doch ein stabiles Identitätsgefühl ist wichtig, um sich durch unvermeidbare, aber oft unliebsame Veränderungen nicht aus der Bahn werfen zu lassen. Wir brauchen es ebenso sehr wie Flexibilität, um die Herausforderungen zu bewältigen, die sich in diesem Lebensabschnitt stellen. Letztendlich wird es sich immer als richtig erweisen, sich selber treu zu bleiben, selbst wenn es zunächst Schwierigkeiten mit sich bringt.

Auf sehr berührende Weise habe ich das mit meiner alten Mutter erlebt, mit der ich ein Leben lang eine schwierige Beziehung hatte. Sie konnte sich nie damit abfinden, dass ich so anders war, als sie sich ihre Tochter gewünscht hätte. Unter anderem nahm sie mir übel, dass ich mich manchmal über Förmlichkeiten hinwegsetzte, wenn ich sie als verlogen empfand. Erst im Pflegeheim, als sie schon sehr schwach und oft verwirrt war, kamen andere Seiten zum Vorschein. Bei einem meiner Besuche erkannte sie mich zuerst nicht. Dann hellte sich plötzlich ihr Gesicht auf: »Ah, du bist es«, murmelte sie, »ich freue mich immer, wenn du kommst. Du kommst nicht nur, weil es eine gute Gattung macht (eine dieser unübersetzbaren schweizerdeutschen Redewendungen, die in etwa bedeutet: weil es sich so gehört). Kurz darauf starb sie. Diese kurze Begegnung hat mich sehr glücklich gemacht und mit allem ausgesöhnt, was ich an Unerfreulichem mit meiner Mutter erlebt hatte. Es war zu spüren, dass auch sie sich damit ausgesöhnt hatte, eine Tochter zu haben, die so gar nicht ihren Vorstellungen entsprach. Sie akzeptierte mich – endlich – so, wie ich war, und begann gerade das zu schätzen, was sie mir zuvor immer vorgeworfen hatte. Das wurde erst möglich, als ihre kognitiven Fähigkeiten nachließen und sie zwar oft desorientiert, aber sehr viel näher bei ihren Gefühlen war. Ich bin dankbar, dass ich diesen Moment mit ihr erleben durfte. Darüber hinaus, was er für mich persönlich be-

deutete, hat er bestätigt, dass Menschen, auch wenn sie alt und desorientiert sind, bis zuletzt noch Entwicklungsschritte machen können.

Dass Familie A. findet, »die ist wie wir«, hat mich verblüfft. Das wäre mir nie in den Sinn gekommen. Ich vermute doch, dass unsere Lebenswelten sich beträchtlich voneinander unterscheiden: andere Gewohnheiten, andere Herkunft, andere kulturelle Prägungen, andere Werte, andere Erfahrungen. Wie kommen sie bloß auf die Idee, ich sei wie sie? Ob sie irgendwie spüren, dass auch ich hier nicht ganz dazugehöre, nicht verwurzelt bin, sondern fremd wie sie – wenn auch auf ganz andere Weise? Ein überraschender Gesichtspunkt, der mir zu denken gibt. In der großen Stadt Zürich mit ihrer Vielfalt an Bewohnern, Gruppierungen, Zugehörigkeitsformen und -abstufungen würde eine türkische Familie wohl kaum auf die Idee kommen, ich sei wie sie. Doch hier im Dorf mit seinen einfacheren Strukturen verlaufen die Abgrenzungen geradliniger. Es gibt nur zwei Arten von Einwohnern: »Einheimische«, die schon immer hier waren, und »Fremde«, die irgendwann von irgendwo hergekommen sind, ob aus dem Nachbarkanton oder aus einem fernen Land spielt keine Rolle. Es leben ziemlich viele »Fremde« hier, und die Einheimischen sind ihnen in der Regel – auf eine freundlich-distanzierte Weise – durchaus wohlgesinnt.

Belustigt stelle ich fest, dass ich mich immer freue und manchmal so etwas wie Zugehörigkeit empfinde, wenn ich jemanden Hochdeutsch sprechen höre. In Zürich ist mir das nie passiert, ich habe die in den letzten Jahren immer zahlreicher werdenden deutschen Einwanderer durchaus als Fremde wahrgenommen – wenn auch ohne die bei meinen Landsleuten verbreitete Antipathie, im Gegenteil. Ich habe viele Verbindungsfäden zu Deutschland, freundschaftliche, berufliche und vor allem: Deutsch ist die Sprache, in der ich schreibe und in der ich mich ebenso zuhause fühle wie in meiner Alltagssprache, dem Schweizerdeutschen.

Ein Gefühl der Fremdheit wird mir hier immer bleiben. Es gibt Momente, in denen ich verwundert um mich blicke und mich frage: Was mache ich hier? Manchmal habe ich Heimweh nach meinem Häuschen in der Südstrasse und der früheren Umgebung. Doch wenn ich dann – wie heute morgen – sehe, dass über Nacht fast ein halber Meter Schnee gefallen ist, bin ich doch sehr froh und erleichtert, dass ich mich nicht mehr wie dort ums Schneeschaufeln kümmern muss. Die Hauswartung, die dafür verantwortlich ist – und zu Winterbeginn an alle Bewohner der Siedlung einen farbigen Hochglanzprospekt verteilt hat, in dem sie die Qualität ihrer diesbezüglichen Dienstleistungen anpries –, lässt sich allerdings Zeit damit. Heute haben sie sich noch nicht blicken lassen – es ist bereits Mittag, und es schneit unentwegt weiter. Zum Glück muss ich nicht unbedingt aus dem Haus, irgendwann werden sie schon kommen.

Viel gravierender finde ich, dass die Gemeinde den Winterdienst sträflich vernachlässigt. (Im Gegensatz zu Deutschland sind in der Schweiz dafür nicht die Anwohner, sondern die Behörden verantwortlich, auch für die Gehsteige.) Am Dorfeingang steht ein Schild »Beschränkter Winterdienst«, und damit hat es sich. Fußgänger riskieren, sich die Knochen zu brechen, wenn sie sich auf die vereisten Trottoirs wagen, doch das scheint die Behörden nicht zu kümmern. Früher hätte ich mich in der Gemeindeversammlung dafür eingesetzt, dass sich das ändert. Heute mag ich mich nicht mehr exponieren und hoffe darauf, dass andere es tun. Im Dorfladen war es heute durchaus ein Thema, mehrere Leute beklagten sich über den Zustand der Straßen und Gehwege – doch ohne die leiseste Kritik an den Behörden zu äußern oder zu finden, es müsse etwas dagegen unternommen werden. Offenbar ist das hier irgendwann so beschlossen worden und wird widerspruchslos hingenommen.

21

Nach und nach hat sich Alltäglichkeit eingestellt. Der Reiz des Neuen ist etwas verblasst und der Blick schärfer geworden für Unzulänglichkeiten. Ein wenig enttäuscht bin ich vom angrenzenden Städtchen L. Ich hatte mir vorgestellt, öfters dort einzukaufen und hin und wieder einen Kaffee zu trinken. Die malerische Altstadt wirkt auf den ersten Blick sehr einladend. Doch der anfängliche Eindruck täuscht. Mit Ausnahme der Bank, der Krone und dem Geschäft, in dem ich die Stühle für den Esstisch gekauft habe, empfinde ich überall eine seltsam sterile und irgendwie abweisende Stimmung. Die Schaufenster in der Rathausgasse sehen vielversprechend aus, doch in den dazugehörigen Geschäften finde ich kaum jemals, was ich suche. Das Verkaufspersonal wirkt nicht sehr kompetent und wenig entgegenkommend. Auch in den Cafés, die im Sommer, wenn die Tische draußen stehen, so einladend aussehen, fühle ich mich irgendwie fehl am Platz. Es scheint, als könne man sich hier nur wohlfühlen, wenn man seit eh und je dazugehört. So bin ich meistens sehr schnell wieder zuhause.

Vom Wochenmarkt hatte man mir im Vorfeld viel erzählt, deshalb war ich erstaunt, dass er nur aus ganz wenigen Ständen besteht. Immerhin wurde ich anfangs dort manchmal fündig: ein besonders schöner Blumenstrauß, frischer Fisch, ein spezielles Brot oder ein hausgemachter Kuchen – aber als ich das nächste Mal nach dem betreffenden Stand suchte, war er nicht da. Man weiß auf diesem Markt nie, woran man ist, mal ist ein Stand da und mal wieder nicht. Das Angebot des Marktes scheint gar nicht so wichtig zu sein. Die Leute gehen nicht hin, um etwas Bestimmtes zu kaufen, sondern vor allem um Bekannte zu treffen. Alle kennen sich von irgendwoher, nutzen den Markt für ein Schwätzchen, gehen vielleicht mit den einen oder anderen einen Kaffee oder ein Glas Wein trinken und kaufen nebenher an einem der Stände etwas ein, wenn es ihnen verlockend erscheint. Ich hingegen finde es mühsam, wenn ich nicht finde, was ich suche, und dann doch noch zum Supermarkt beim Bahnhof muss. Da gehe ich lieber gleich dorthin. Er liegt nicht weit von meiner Wohnung, das Sortiment ist erstaunlich vielfältig und von überraschend guter Qualität. Zwar scheinen hauptsächlich ungeschulte Leute dort zu arbeiten. Nicht selten stehen falsche Preisschilder bei Produkten, zu denen sie nicht gehören, oder es sind verschiedene Produkte, zum Beispiel zwei Orangensorten, die unterschiedliche Preise haben, durcheinander eingeräumt. Wenn ich etwas suche, sind die Mitarbeitenden, die ich danach frage, oft ebenso ratlos wie ich und irren durch den ganzen Laden, bis sie es gefunden haben. Doch sie sind fast immer sehr freundlich, hilfsbereit und geduldig.

Gleich gegenüber ist eine Apotheke, wo ich alles beziehe, was ich brauche. Ich wünschte, sie wäre meiner Apotheke in Zürich etwas ähnlicher. Hier kommt es sehr darauf an, wer gerade arbeitet. Einige Frauen sind freundlich und kompetent. Andere wirken unprofessionell und sind von enervierender Umständlichkeit. Als ich kürzlich die neuen Dauerrezepte vorbeibrachte (solche zu benötigen gehört zu den Befremdlichkeiten, die das Alter so mit sich bringt), meinte die Verkäuferin: »Setzen Sie sich doch erst einmal in Ruhe hin, ich richte dann alles für Sie her« – in diesem betulichen

Ton, der vielerorts gegenüber alten Menschen üblich ist und mich auf die Palme bringt. Gegen Klischees wie: »alte Leute haben viel Zeit, Einkaufen ist für sie eine willkommene Abwechslung, wir brauchen uns nicht zu beeilen, die sollen es sich bei uns ruhig ein wenig gemütlich machen«, stellen sich sofort alle Stacheln in mir auf. Ich will es mir in der Apotheke nicht gemütlich machen, sondern schnell und unkompliziert meinen Einkauf erledigen. Vorsichtshalber hatte ich der Verkäuferin gleich gesagt, sie brauche die Medikamente nicht anzuschreiben, ich wisse, wie sie einzunehmen seien. Das traute sie mir offensichtlich nicht zu und tat es natürlich doch – es dauerte eine Ewigkeit.

Sind alte Menschen überempfindlich?

Im Allgemeinen trifft wohl eher das Gegenteil zu. Erstaunlich viele alte Menschen nehmen den herablassend-betulichen Ton gar nicht wahr, auf den ich so allergisch reagiere. Vielleicht bin ich tatsächlich überempfindlich und tue manchmal jemandem Unrecht. Doch Hellhörigkeit für Unter- und Zwischentöne gehört zu meinem Beruf, ich kann sie im Alltag nicht einfach ausschalten. Oft ist den Menschen das Herabsetzende ihrer Redeweise gar nicht bewusst. Gerade deshalb ist es wichtig, zu reagieren und dieses Bewusstsein etwas zu wecken. Indem alte Menschen sich – wie das allzu häufig geschieht – diesen herablassend-gönnerhaften Ton widerspruchslos gefallen lassen, tragen sie selber mit dazu bei, gängige Klischees zu verfestigen. Wenn sie sich jedoch höflich aber bestimmt dagegen verwahren, besteht die Chance, dass diese durchbrochen und sie selber als die Individuen, die sie sind, wahrgenommen werden. Erst dann entsteht Kontakt. Ich habe das immer wieder erlebt. Selbst mit der netten Apothekerin in Zürich, die ich jetzt so vermisse, bahnte sich erstmals ein persönlicherer Kontakt an, als ich ungehalten auf einen betulichen Ratschlag reagierte. Wir kamen ins Gespräch und lernten uns auf diese Weise gegenseitig von einer anderen Seite kennen. Von da an wechselten wir stets ein paar persönliche Worte, was bewirkte, dass ich immer gern dort einkaufte und alles, was ich in diesem Bereich brauchte, nur noch dort holte.

Als alter Mensch möchte man vor allem eines: ernst genommen werden, genau wie andere auch. Das ist viel entscheidender als eine spezielle »Seniorenbehandlung«, »Seniorenprodukte« oder »Seniorenangebote«, die gut gemeint sein mögen, aber in ihrer Betulichkeit oft diskriminierend wirken. Menschen sind im Alter genauso unterschiedliche Persönlichkeiten wie in jungen Jahren. Als solche wollen sie erkannt werden. Niemand lässt sich gern über einen bestimmten Leisten schlagen, sondern jeder möchte als individuelle Person wahrgenommen werden. Dazu müssen wir selber unseren Teil beitragen, indem auch wir andere als Person wahrnehmen, ihnen mit Wertschätzung begegnen und ihre Situation mit einbeziehen. Das ist keineswegs nur in näheren persönlichen Beziehungen von Bedeutung, sondern ebenso sehr – wenn auch auf einer anderen Ebene – in flüchtigen Alltagsbegegnungen. Für manche alte Menschen, die alleine leben, sind sie fast die einzigen Kontakte, die ihnen geblieben sind, und spielen deshalb eine entscheidende Rolle für die Lebensqualität.

Obwohl ich nicht so sehr auf Alltagsbegegnungen angewiesen bin, da ich durch meine berufliche Tätigkeit nach wie vor mit vielen Menschen Kontakt habe und genügend Anregung und Bestätigung erfahre, sind sie auch für mich sehr wichtig und haben erheblichen Einfluss auf meine Stimmung und mein Wohlbefinden. Ich gehe gerne in den Dorfladen, weil dort eine wertschätzende Haltung spürbar ist. Ich fühle mich nicht über den Leisten »alte Frau« oder »Fremde« geschlagen, sondern so wahrgenommen, wie ich bin – was »alt« und »fremd« durchaus einschließt. Doch ich werde nicht auf diese Attribute reduziert. Woran es genau liegt, ist schwer zu sagen. Es ist vielleicht ein gewisses Interesse, das ich bei den Frauen zu spüren meine, ohne dass sie neugierig oder aufdringlich wären. Die meisten arbeiten Teilzeit, sind vermutlich Hausfrauen, die nebenbei etwas verdienen wollen. Doch sie sind erstaunlich fachkundig, offenbar von der Filialleiterin gut geschult. (Der Dorfladen gehört zu einer landwirtschaftlichen Genossenschaft, die in der ganzen deutschen Schweiz Filialen hat.) Die Frauen wissen gut Bescheid und gehen bereitwillig auf Fragen und Wünsche ein. Wenn sie einmal keine Antwort wissen, bekomme ich sie bestimmt beim nächsten Einkauf von der Filialleiterin zu hören, oder von der betreffenden Mitarbeiterin selber, die der Sache inzwischen nachgegangen ist, obwohl ich das weder verlangt noch erwartet habe. Alle Kunden werden mit Namen begrüßt, mit vielen Alteingesessenen sind die Frauen per Du. Doch sie sind zu allen gleich freundlich und zuvorkommend, zu neu Zugezogenen genauso wie zu alten Bekannten.

Dass ich die Stadt manchmal vermisse, ist keine Frage. Natürlich kann ich jederzeit hinfahren, wenn mir etwas wichtig ist – Theater, Kino, Konzert, Freunde treffen, ein bestimmtes Geschäft aufsuchen –, und das tue ich auch. Es ist keine große Sache, besonders seit sich mit dem neuen Fahrplan die Verbindungen wesentlich verbessert haben: Jede halbe Stunde fährt jetzt ein Schnellzug. Mit dem bin ich in zwanzig Minuten in Zürich. Naturgemäß ist die Stimmung dort ganz anders. Engstirnigkeit gibt es zwar hier wie dort, und Großzügigkeit auch. Doch in der Stadt ist die Zahl verschiedenartiger Menschen größer, darunter gibt es bestimmt manche mit einer ähnlichen Wellenlänge wie ich. Das ist irgendwie spürbar – zwar nicht konkret, aber atmosphärisch – und gibt mir ein Gefühl der Zugehörigkeit. Ich atme freier in Zürich – im übertragenen Sinn wenigstens. Faktisch leide ich seit meinem Wegzug eher weniger oft an den lästigen Reizhustenanfällen (auch Altersasthma genannt), die mir seit einigen Jahren zu schaffen machen. Ob die Luft hier tatsächlich besser ist?

Auch ist mir Zürich in manchem fremd geworden. Das Leben dort entspricht immer weniger dem, was ich unter »urban« verstehe und schätze. Immer mehr kleine Geschäfte verschwinden, machen kurzlebigen Ausverkaufsschuppen Platz, die später von Fitnessstudios, »Nailshops« und ähnlichem abgelöst werden. Ein angenehmes Lokal nach dem anderen muss trendigen »In places« weichen – vorwiegend solchen, in denen im Stehen konsumiert wird. Alles ist auf Schnellligkeit angelegt, überall herrscht hektisches Gedränge, Schieben und Stoßen. Wie in vielen anderen Städten wird es auch in Zürich immer schwieriger, einen angenehmen Ort zu finden, wo man sich treffen und in Ruhe unterhalten kann. Immerhin vereinzelt gibt es sie noch, diese Orte, aber man muss danach suchen, und es werden immer weniger. Manchmal jedoch entdecke ich unverhofft etwas Neues, wie neulich durch Zufall ein sehr angenehmes kleines Restaurant in der Altstadt, das mir bisher nie aufgefallen war. Als Besucherin gehe ich offenbar mit anderen Augen durch die Stadt.

Es ist nichts Konkretes, was mir am neuen Wohnort fehlt, eher etwas Atmosphärisches. Ich hätte nie gedacht, wie sehr das »Drumherum«, der weitere Umkreis die Befindlichkeit beeinflusst. Er bildet eine Art atmosphärischer Glocke, die einen umgibt und die sowohl belebend wie auch bedrückend sein kann – unabhängig davon, ob man von den vorhandenen Möglichkeiten Gebrauch macht oder nicht. Das Leben um mich herum ist so etwas wie ein erweitertes Gehäuse, in dem ich mich mehr oder weniger wohlfühle. Hier umgibt mich das Gefühl von etwas Kleinlich-Miefigem, das mich manchmal bedrückt, vor allem an Sonntagen. Die Feiertage, die sich in der diesjährigen Konstellation mit den unmittelbar anschließenden Wochenenden besonders lang hinzogen, haben mir ziemlich zu schaffen gemacht. Etwas Lähmendes lag in der Luft, noch verstärkt durch eine hartnäckige Hochnebeldecke und eisige Kälte. Nach langer Zeit hat mich wieder einmal die Weihnachtsdepression zwar nicht im Griff gehabt, aber doch mehr als nur leise gestreift. Schreiben ist an solchen Tagen mein Rettungsanker.

22

Anfang Januar kam die Krise. Pünktlich zum Jahrestag des Einzugs. Erstmals habe ich mich ernstlich gefragt, ob dieser Umzug nicht doch ein Fehler gewesen ist. Ein Tag nach dem anderen war gleichförmig grau und bitter kalt. Obschon innerhalb der Siedlung der Winterdienst inzwischen recht gut funktionierte, war es fast unmöglich hinauszugehen, denn alle Straßen und Wege waren vereist. Ich atmete auf, als die Werktage wieder begannen, das Leben rundherum erwachte und die beruflichen Kontakte sich wieder im normalen Rahmen bewegten. Ich sehnte den Wiederbeginn der Yogastunden herbei, denn die lähmende Stimmung hatte es mir schwer gemacht, selber zu üben, was mich zusätzlich bedrückte. Die Winterpause war unüblich lang, weil die Lehrerin für einen Monat nach Indien gereist war. Ich wusste, dass es mir besser gehen würde, sobald sich der gewohnte Rhythmus wieder einstellte und ich wie gewohnt in den Yogastunden auftanken konnte. Die hatten mir immer sehr gut getan und wesentlich dazu beigetragen, dass ich bisher mit all den Veränderungen gut zurechtgekommen war.

Allein schon die Vorfreude gab mir Auftrieb. Gespannt sah ich der ersten Stunde im neuen Jahr entgegen. Endlich war sie da – und wurde zu einer bitteren Enttäuschung. Die Lehrerin hatte sich ein ganz neues Programm ausgedacht, das mir überhaupt nicht zusagte. Zum ersten Mal war das eine Lektion, in der mir keine einzige Übung Freude machte oder ein gutes Gefühl vermittelte. Etwas Wichtiges fehlte mir, und ich wartete bis zuletzt darauf, dass es noch kommen würde. Als die Lehrerin die Schlussentspannung ansagte, war ich völlig perplex und konnte nicht fassen, dass das alles gewesen sein sollte. Ich fühlte mich elend und schwindlig. Die Übungen hatten meinen ohnehin schon labilen Gleichgewichtssinn noch mehr destabilisiert. Ausgerechnet an diesem Abend hatte meine Tochter anschließend eine berufliche Verpflichtung, sodass sie mich nicht nach Hause fahren konnte. Auf dem Weg zum Bahnhof musste ich aufpassen, dass ich nicht stürzte. Ich taumelte und kämpfte gegen die Tränen. Ich musste mir eingestehen: So hat das keinen Sinn mehr. Zumal die Kursleiterin angekündigt hatte, dass ihr Unterricht in dieser Richtung weitergehen würde. Bereits nach so kurzer Zeit musste ich etwas, das ich mir neu geschaffen hatte, wieder aufgeben. Der Schlag traf mich hart.

Es war der Tropfen, der das Fass zum Überlaufen, das heißt die Krise erst richtig zum Ausbruch brachte. Ich war verzweifelt und traurig und haderte. Warum nur wurde mir schon wieder etwas genommen, das doch gerade erst begonnen hatte und mir so viel bedeutete? Warum wurde eine Kontinuität zerstört, um die ich mich so sehr bemüht hatte? Ich sah auf einmal keinen Weg mehr, alles erschien mir sinnlos, ich fühlte mich ausgelaugt, ausgeliefert – »altes Eisen« eben.

Zuhause, nachdem ich etwas gegessen und ein Glas Wein getrunken hatte, ging es mir etwas besser. Ein Anflug von gesunder Auflehnung mischte sich in die Verzweiflung. Ich lasse mich doch nicht so einfach unterkriegen, dachte ich trotzig, ich werde schon etwas anderes finden. Doch ich schlief schlecht in dieser Nacht, eigentlich fast gar nicht. Erst gegen Morgen fiel ich in einen unruhigen Schlaf mit quälenden Träumen, aus dem ich viel zu spät erwachte, sodass mein ganzer Tagesrhythmus durcheinandergeriet. Immer noch fühlte ich mich schwindlig und unsicher auf den Beinen.

Trotzdem, da endlich wieder einmal die Sonne schien, rappelte ich mich nachmittags dazu auf, wenigstens ein bisschen spazieren zu gehen. Ich entdeckte sogar eine wenig befahrene, schneefreie Nebenstraße, wo ich gut gehen konnte und die Sonne mir ins Gesicht schien. Das ist doch immerhin etwas, sagte ich mir, in schöneren Landschaften wäre es jetzt auch nicht besser, die Spazierwege sind überall vereist. Der Spaziergang tat mir gut, obwohl ich das Gefühl total eingerosteter Knochen hatte – und das am Tag nach der Yogastunde, die ja eigentlich das Gegenteil bewirken sollte! Als ich nach Hause kam, blinkte der Anrufbeantworter: den Termin bei der Fußpflegerin, der genau zur Zeit meines Spaziergangs angesetzt war, hatte ich glatt vergessen.

Schon wieder so eine Fehlleistung. Die passieren mir immer häufiger. Ich erzähle einer Bekannten dieselbe Geschichte, die ich ihr schon einmal erzählt habe, und habe schon wieder vergessen, dass wir uns ja erst vor ein paar Tagen zufällig am Bahnhof getroffen haben. Dass sie mir versichert, es gehe ihr manchmal genauso, ist ein schwacher Trost – aber immerhin ein Trost.

Viel schlimmer: Neulich, auf der Fahrt nach Stuttgart, merkte ich im Zug plötzlich, dass ich meinen Schlüssel nicht dabei hatte. Beim Weggehen hatte ich noch den Briefkasten geleert, vermutlich war mir der Schlüssel beim Durchblättern der Briefe heruntergefallen, und ich hatte es in der Eile (das Taxi wartete) nicht gemerkt. Ich erschrak furchtbar. Während ich noch überlegte, was ich jetzt am besten machen sollte, rief meine Tochter an – ziemlich entsetzt –, der Briefkasten sei offen gewesen, mein Schlüssel (es ist zugleich der Haus- und Wohnungsschlüssel!) habe gesteckt. Ein glücklicher Zufall, dass sie kurz nachdem ich weggefahren war, in meiner Wohnung vorbeikam, weil sie dort etwas holen wollte. Nicht auszudenken, was alles hätte passieren können. Ihre Stimme am Telefon klang besorgt. Der Vorfall hatte ihr zu denken gegeben – und mir auch.

Fehlleistungen und Missgeschicke

Sie häufen sich mit dem Älterwerden, das lässt sich nicht wegdiskutieren. Zwar ist es tröstlich, von Jüngeren zu hören, dass ihnen ähnliches auch manchmal passiere. Doch machen wir uns nichts vor: Fehlleistungen und Missgeschicke nehmen im Alter immer mehr zu.

Vergesslichkeit ist das eine: Das leidige Kurzzeitgedächtnis lässt uns immer öfter im Stich. Wir gehen von einem Zimmer ins andere, um etwas zu holen, und kaum sind wir dort, haben wir vergessen, was wir da eigentlich wollten. Wir schlucken eine Vitamintablette und wissen fünf Minuten später nicht mehr, ob wir sie nun genommen haben oder nicht … und so weiter und so fort.

Das andere sind die ständigen kleinen Missgeschicke. Dauernd fällt einem etwas aus der Hand, vor allem morgens ist es besonders schlimm. Ins gleiche Kapitel gehören die unkontrollierten Bewegungen, die immer wieder passieren und gegen die man machtlos ist. Das kann sehr peinlich sein, beispielsweise, wenn man damit unabsichtlich jemanden trifft, oder schmerzhaft, wenn man irgendwo anstößt. Und dann die Feinmotorik: Wir haben sie immer weniger im Griff und werden immer ungeschickter. Es braucht eine Ewigkeit, um den Verschluss einer Halskette zu handhaben; eine Verpackung aufzumachen gelingt nur mit Mühe und dauert endlos. Und der Versuch, eine Fahrkarte am Automaten zu ziehen, hat manchmal erst nach mehrmaligem Abbruch und nochmals Von-vorne-Anfangen Erfolg. Das sind viele kleine Störfaktoren, die den Alltag vergällen und viel Zeit kosten – Zeit, die man viel lieber für anderes aufwenden würde.

Doch wir dürfen wegen solcher Fehlleistungen nicht in Panik geraten und denken: Jetzt bin ich völlig »gaga« und überhaupt nicht mehr zu gebrauchen. Viel wichtiger ist es, sich zu überlegen: Wo genau ist der Aussetzer gewesen, worauf sollte ich von jetzt an besonders achten? Was kann ich tun, um solchen Fehlleistungen vorzubeugen, sodass sie möglichst selten passieren? Zum Beispiel sich angewöhnen, morgens als Erstes seine Befindlichkeit wahrzunehmen: Wie ist es heute? Wie steht es mit meiner Beweglichkeit, mit dem Gleichgewicht? Fühle ich mich besonders unsicher heute oder einigermaßen sicher? Wie ist mein Körpergefühl? Wo bin ich mit meinen Gedanken? Wenn man sich das bewusst macht, kann man die momentane Befindlichkeit einbeziehen und merken, worauf man heute besonders aufpassen muss. Zum Beispiel darauf achten, die Dinge gut in der Hand zu halten, damit sie möglichst nicht herunterfallen. Oder sich beim Weggehen genau vergewissern: Wo stecke ich jetzt meinen Schlüssel hin, wo habe ich das Handy verstaut – und so weiter. Gewiss, das ist mühsam und zeitraubend, aber immer noch besser, als zu resignieren und sich nichts mehr zuzutrauen.

Fast noch lästiger als die Missgeschicke selbst ist das wachsende Misstrauen sich selber gegenüber. Man findet seinen Schlüssel nicht gleich und denkt sofort: Ich habe ihn verloren. Die Brille ist nicht gleich greifbar, und schon steigt Panik auf: Bestimmt habe ich sie irgendwo liegengelassen. Dabei hat sie sich nur in den Tiefen der Handtasche verkrochen, genau wie das Portemonnaie, in dem auch die Fahrkarte steckt. Doch wenn es bei der Kontrolle nicht gleich zur Hand ist, befürchtet man sofort, man habe es zuhause vergessen. Wir müssen auf der Hut sein, dass wir uns nicht ständig verrückt machen mit solchen Befürchtungen, sondern erstmal in Ruhe nachsehen, ob sich das Gesuchte nicht doch irgendwo findet. Meistens tut es das. Wenn wir dann tatsächlich einmal etwas vergessen oder verloren haben, können wir uns immer noch aufregen, obwohl selbst das zwar vielleicht ärgerlich und zeitraubend, aber keine Katastrophe wäre.

Tom Kitwood, ein britischer Sozialpsychologe und Pionier eines humanen Umgangs mit demenzkranken Menschen, hat in den 1990er Jahren gemeinsam mit dem Spring Mount Pflegeheim in Bradford radikal neue Wege der Demenzpflege entwickelt. Dabei hat er auf eindrückliche Weise nachgewiesen, dass selbst bei an Demenz erkrankten Menschen der Krankheitsverlauf wesentlich beeinflusst wird durch die Art und Weise, wie mit ihnen umgegangen wird.[8] Daraus lässt sich auch für weniger gravierende Altersbeeinträchtigungen etwas lernen: Durch die Art, wie wir ihnen begegnen, haben wir es bis zu einem gewissen Grad selber in der Hand, ob sie sich mehr oder weniger störend auswirken und ob wir auf einigermaßen erträgliche Weise damit leben können.

23

Meine Tochter hatte mir die Adresse einer Yogaschule in Zürich gegeben, von der sie meinte, sie könnte eventuell für mich passen. Die Homepage sah nicht schlecht aus, ich nahm mir vor, mich demnächst darum zu kümmern. Dann würde ich mich bei der Lehrerin in A. abmelden, wozu ich mich bisher noch nicht hatte durchringen können. Hoffte ich insgeheim immer noch irgendwie, es könnte sich dort wieder etwas ändern? Ich schob den Anruf hinaus.

Jetzt stand zuerst einmal Wien auf dem Programm. Das war eine willkommene Abwechslung nach den trüben Feiertagen und der Wiederbeginn gewohnter beruflicher Aktivitäten im neuen Jahr. Dass der Auftakt genau wie im letzten Januar wieder in Wien stattfand, war ein Zufall, der mir erneut ein Gefühl von Kontinuität vermittelte. Diesmal hatte mich eine andere Organisation für zwei Seminare eingeladen. Sie fanden im »Festsaal« des altehrwürdigen Wiener Blindeninstituts statt, wo ich vor vielen Jahren schon einmal gemeinsam mit einem amerikanischen Kollegen zu einem anderen Thema ein Seminar durchgeführt hatte. Von damals kannte ich eine der jetzigen Organisatorinnen. Diesmal ging es um meine Konzepte, und wie immer machte mir diese Arbeit Spaß, war befriedigend und belebend. Auch die Teilnehmenden zeigten sich am Ende hoch zufrieden.

Ich wohnte wieder in meinem Lieblingshotel, wo ich mich

immer sehr wohl und inzwischen fast schon ein bisschen zuhause fühle. Es liegt im 7. Bezirk, umgeben von den malerischen Biedermeiergassen des Spittelbergs, nur wenige Schritte entfernt vom attraktiven Museumsviertel. Solche Begleitumstände verschönern den Aufenthalt und tragen wesentlich zu meinem Wohlbefinden bei. Um mir trotz meines vorgerückten Alters die Lust und Kraft für meine Arbeit zu erhalten, muss ich mir die Rahmenbedingungen so bequem und erfreulich wie möglich gestalten. Das spüre ich immer deutlicher. Als ich jünger war, spielten solche Dinge keine so große Rolle, obwohl ich sie schon damals zu schätzen wusste.

Der Aufenthalt in Wien sollte deshalb nicht nur aus Arbeit bestehen. Ich reiste früh genug an, um zwei Ausstellungen zu besuchen, die mich interessierten. Leider war die englische Buchhandlung in der Mariahilfer Straße, in der ich mich wieder hatte umsehen wollen, inzwischen verschwunden. Auch in Wien verändert sich ständig etwas – wie überall. (In Zürich gibt es schon seit Jahren keine englische Buchhandlung mehr, die diesen Namen verdient.) Zufällig entdeckte ich in einem Café ein Plakat, das mich neugierig machte: eine Ausstellung »Schönberg, Strindberg, Munch«. Ich hatte Glück, am Sonntag war der letzte Tag, und vor dem Rückflug blieb mir gerade noch Zeit für die Ausstellung im Schönberg Center. Auf dem Weg dorthin kam ich am Gebäude des Musikvereins vorbei, und plötzlich tauchte ein Erinnerungsbild auf.

Es war auf meiner zweiten Reise nach Wien, mit einer Freundin, deren Verlobter Musiker war und dort bei einem Bach-Festival auftrat. Sie bekam Freikarten und nahm mich mit in zwei Konzerte im prachtvollen großen Saal des Musikvereins. Eines davon sehe ich plötzlich wieder ganz deutlich vor mir: Ein kleines Kammerensemble spielt Bach, (wahrscheinlich eines der Brandenburgischen Konzerte), an einem der vorderen Pulte ein markanter Kopf: Hindemith, der Bratsche spielt und zugleich das kleine Ensemble leitet. Eine neue Welt tat sich in diesem altehrwürdigen Konzertsaal für mich auf. Meine musikbegeisterte Mutter hatte mich zwar schon, seit ich zehn Jahre alt war, ein paar Mal in Wagner-Opern mitgeschleppt (in denen ich mich tödlich langweilte und die ich bis heute nicht leiden kann), doch Bach mochte sie nicht und Hindemith war, wie »überhaupt all diese Modernen«, ein rotes Tuch für sie. Das sei »keine Musik«, befand sie. Ich hatte noch nie eine Komposition von Hindemith gehört und keine Ahnung gehabt, dass er auch Bratschist war und Bach auf eine für mich ganz neue Art und Weise spielte, die mich tief beeindruckte. So kristallklar und differenziert hatte ich diese Musik noch nie gehört. Ich war kaum zwanzig damals, doch die Vorliebe für diese Art des Musizierens ist mir bis heute geblieben.

Das Schönberg Center selber fand ich genauso interessant wie die Ausstellung. Beides vermittelte Einblicke in mir bisher unbekannte Einzelheiten und Zusammenhänge. Dass Strindberg auch Maler war, hatte ich nicht gewusst. Von Schönbergs Bildern hatte ich in Wien vor ein paar Jahren schon einmal eine Ausstellung gesehen, doch dass er sich auch für technische Dinge interessiert und alle möglichen kleinen Erfindungen gemacht hatte – so einen Halter für fünf Stifte, der das Ziehen von Notenlinien vereinfachte –, war mir ebenso neu wie seine Verbindung zum Norden. Es war ein überaus gelungener Abschluss des diesjährigen »Wiener Januar-Zwischenspiels«, von dem ich sehr zufrieden nachhause zurückkehrte. Am Flughafen in Zürich wurde ich wie gewohnt von Herrn G. abgeholt und hatte diesmal nicht mehr das Gefühl, er fahre in die falsche Richtung.

Wieder zuhause, rief ich die Yogalehrerin an. Sie nahm meine Abmeldung gelassen und zeigte erstaunlich viel Verständnis, obwohl man sich eigentlich wegen der großen Nachfrage schon vor Weihnachten für das Quartal fest hatte verpflichten müssen. Sie hatte selber den Eindruck, dass das, was sie zukünftig vorhatte, für mich nicht das Richtige sei, und ermutigte mich, in verschiedenen Schulen Probelektionen zu besuchen, bis ich das Passende gefunden hätte. Ich sollte es als Abenteuer nehmen, meinte sie. Gar nicht so dumm, es so zu sehen.

24

Die Krise ist überstanden – die erste am neuen Wohnort. Es wird nicht die letzte gewesen sein. Ich habe mich wieder aufgefangen, bin guter Dinge. Selbst als es mir plötzlich gesundheitlich ziemlich schlecht ging, habe ich mich nicht unterkriegen lassen. Eine alte Rückengeschichte meldete sich mit heftigen Schmerzen, sodass ich mich kaum noch bewegen konnte. Und ausgerechnet dann war der neue Hausarzt in den Ferien. Glücklicherweise konnte ich meinen bewährten früheren Arzt in Zürich telefonisch erreichen. Obwohl es in seiner Praxis an dem Vormittag offensichtlich turbulent zuging, hat er sich Zeit genommen, um mich wie immer zuverlässig und effizient zu beraten. Mit den Mitteln, die er mir verschrieb, ging es mir bald wieder besser. Ganz vorsichtig habe ich meine Übungen wieder aufgenommen. Die Suche nach einer neuen Yogaschule muss ich allerdings vorläufig aufschieben.

So schlimm die Krise gewesen ist, ich möchte sie nicht missen. Sie hat mich weitergebracht. Dass ich sie überwinden konnte, hat mir Kraft, Mut und Zuversicht gegeben. Ich sehe jetzt vieles klarer. Es gibt Dinge, die mich am neuen Wohnort stören und immer stören werden. Doch ich kann damit leben, und wo nicht, muss ich probieren, etwas zu verändern.

Neulich beim Zähneputzen kam mir auf einmal ein Gedicht in den Sinn, das ich vor vielen Jahren geschrieben habe:

Einen Weg gehen
ankommen
und merken
der Aufbruch
beginnt
erst jetzt

Das trifft genau, worum es in diesem Lebensabschnitt geht: sich nicht an irgendetwas festklammern, nicht meinen, es sei jetzt etwas geschafft, und das werde so bleiben – vielleicht wird es das und vielleicht nicht. Das hat mich die Enttäuschung mit der Yogastunde exemplarisch gelehrt, und es gilt für alles andere auch: Wenn mir etwas genommen wird oder für mich nicht mehr stimmt, muss ich mich erneut auf den Weg und auf die Suche machen.

Merkwürdig, dass mir dieses Gedicht gerade jetzt wieder eingefallen ist, sozusagen auf Stichwort. Jahrelang hatte ich nicht mehr daran gedacht, ja fast vergessen, dass ich überhaupt jemals ein paar Gedichte geschrieben hatte – vor langer Zeit, in einer ganz anderen, aber ebenfalls von schmerzlichen Veränderungen geprägten Lebensphase. Eindrücklich, wie die Erinnerung spielt, wie längst Verschollenes unverhofft aus den Tiefen des Vergessens auftaucht, sobald es für die Gegenwart in irgendeiner Weise bedeutsam wird, während vieles andere, was vor kurzem noch wichtig war, in Vergessenheit gerät.

Vergessen und erinnern – beides gehört zum Leben, beides hat seine eigene Bedeutung, seine guten und schlechten Seiten. Dass im Alter das Vergessen zunimmt, muss nicht einseitig nur als Mangel gesehen werden, wie es leider im Umfeld von alten Menschen oft geschieht und von diesen ebenso oft übernommen wird. Vergessen kann durchaus einen Sinn haben auf dieser Wegstrecke, die zum Lebensende hinführt.

Die bereits an anderer Stelle zitierte Formulierung des Psychoanalytikers Erik H. Erikson »Sein, was man geworden ist« meint auch: nicht an der Vergangenheit kleben, sondern *jetzt* leben. Sich aussöhnen mit dem, was war, kann manchmal auch vergessen bedeuten. Es so zu sehen, ist nicht üblich. Die meisten alten Menschen schämen sich, wenn sie Dinge nicht mehr wissen, die ihnen früher einmal wichtig gewesen sind. Sie betrachten es als Versagen, tadeln sich deswegen und beklagen, dass sie »alt werden«. Das Gefühl »ich bin nichts mehr wert« wird zusätzlich verstärkt, wenn sie ständig über bestimmte Ereignisse in ihrer Biographie ausgefragt werden, an die sie sich nicht mehr erinnern können. Sicher tut es alten Menschen gut, wenn andere sich für ihr früheres Leben interessieren – doch nicht, indem nach biographischen Einzelheiten gebohrt wird, welche Außenstehenden vielleicht bedeutsam erscheinen, aber für die betroffenen Menschen jetzt gar nicht mehr wichtig sind. Für sie zählt, dass wir uns für die Erinnerungen interessieren, die sie *jetzt* beschäftigen und die sie selber ins Spiel bringen, und *darauf* eingehen. Selbst wenn etwas noch so nebensächlich, belanglos oder unwahrscheinlich erscheint, darf es nicht einfach als »wirr« abgetan, sondern muss ernst genommen werden. Für diesen bestimmten Menschen hat es eine Bedeutung, auch wenn diese für Außenstehende nicht ohne weiteres erkennbar und manchmal ihm selber nicht ganz klar ist. Leider zensieren sich alte Menschen meist schon selber, bezeichnen es als Unsinn oder »dumme Gedanken«, wenn ihnen eine Nebensächlichkeit aus ihrer Lebensgeschichte nicht mehr aus dem Kopf will. Doch solche scheinbar belanglosen Erinnerungsfetzen haben irgendeine Verbindung zu dem, was jetzt ist, während manches Andere und zu seiner Zeit sehr viel Wichtigere für den gegenwärtigen Lebensabschnitt bedeutungslos geworden ist.

Wir können nicht alles ein Leben lang mitschleppen, sondern müssen immer wieder Dinge loslassen – und manchmal auch vergessen –, um frei zu werden für den nächsten Schritt. Je älter wir werden, desto mehr Ballast müssen wir abwerfen. Wie sonst wären wir, wenn es so weit ist, bereit, diese Welt zu verlassen?

»Entwicklung ist ein lebenslanger Prozess.« Dieser wichtige Grundsatz im Umgang mit alten Menschen, den ich in meinem Buch »Alt sein ist anders«[9] formuliert habe, ist für den eigenen Lebensweg genauso zu beherzigen. Veränderungen stellen nicht nur Rückschritte dar, selbst wenn wir sie als Einschränkung erleben. Sie verlangen, dass wir uns umorientieren und neue Wege suchen. Das ist immer mit Entwicklungsschritten verbunden – bis zuletzt. Trotz zunehmender Beeinträchtigungen und *mit* diesen weiterhin ein erfülltes und sinnvolles Leben zu leben – anders als früher, aber nicht zwangsläufig schlechter –, das ist die Herausforderung, die sich uns in diesem Lebensabschnitt stellt.

Nicht ständig zurückzuschauen schließt nicht aus, sich hin und wieder wehmütig – und dankbar – zu erinnern an das, was früher war, was Freude gemacht und zum Leben gehört hat. Doch wer *nur* in Erinnerungen lebt, wer sich *nur* an Vergangenem orientiert und dem nachtrauert, was nicht mehr ist, wird die Gegenwart vorwiegend als Verlust erleben, sich abgewertet fühlen und darüber unglücklich sein. Verluste sind schmerzlich, gewiss, und sie mehren sich mit zunehmendem Alter: Nahestehende Menschen sterben, Fähigkeiten und Kräfte nehmen ab, Lebensbereiche gehen verloren und lassen Leerstellen zurück, die traurig machen. Doch dem ausschließlich rückwärtsgewandten Blick entgeht, dass sich mit diesen Leerstellen zugleich Räume auftun, in denen Neues und Anderes entstehen kann. Diese Räume müssen wir ausloten und aufspüren, was die verbleibende Zeit für uns noch bereithält. Das ist eine spannende, manchmal mühsame und hindernisreiche, aber stets wieder beglückende Entdeckungsreise, die ungeahnte Energien freizusetzen vermag.

Es braucht beides, den Blick zurück *und* den Blick nach vorn. Dankbarkeit für das, was war, und Trauer darüber, dass es nicht mehr ist, wollen ebenso gelebt sein wie Freude an dem, was jetzt ist, und Lust auf Neues – selbst wenn dafür nur noch wenig Zeit bleibt. Es gibt auf der letzten Wegstrecke noch manches zu lernen, zu entdecken und zu gestalten.

25

Wieder ist Sommer, schon der zweite, den ich hier erlebe. Wieder rattern rundherum die Rasenmäher (nervensägend) um die Wette. Schon wieder ist ein Jahr vergangen – die

Zeit läuft, viel zu schnell. Es gibt so manches, was ich gerne noch ein Stück voranbringen möchte, das Erreichte ruft stets wieder nach weiteren Schritten, die zu tun wären. Doch ich weiß: »Jedes Jahr mehr ist ein Jahr weniger« – wie ein alter Freund einst mit feinsinniger Melancholie seinen 85. Geburtstag kommentierte.

Wieder freue ich mich an meinem üppig sprießenden Balkongarten, der den winterlichen Frost erstaunlich gut überstanden hat. Nur wenige Pflanzen sind erfroren und mussten ersetzt werden, ein paar neue sind hinzugekommen. Es ist ein ähnliches Konglomerat von großen und kleinen Töpfen wie im letzten Jahr: Rosen, Hortensien, Lavendel, allerlei Gräser und Kräuter, Basilikum, Estragon, Petersilie, Thymian, Rosmarin. Die Tomaten, auf die ich letztes Jahr so stolz war, hatte ich ganz vergessen. Sie fielen mir erst wieder ein, als wir von der Gärtnerei nach Hause kamen – zu spät. Vielleicht im nächsten Jahr …

Auf dem Balkon nehme ich die Pflanzen ganz anders und viel genauer wahr als früher im Garten. Ich bin näher an ihnen dran, sehe sie vom Esstisch aus, und ständig fällt mir irgendetwas auf: Da muss ein älteres Blatt entfernt werden, weil darunter schon hellgrün ein neuer Trieb hervorschimmert, dort ist eine welke Blüte abzuschneiden. Die dunkelrote Rose hat seit gestern zwei neue Blüten, die gelbe zögert noch, lässt sich Zeit mit dem Blühen. Die blaue Hortensie wächst immer mehr in die Breite – ich muss sie demnächst in einen größeren Topf umpflanzen. Die Pflanzen in der hinteren Ecke brauchen Wasser, da ist der Regen offenbar nicht hingekommen. Solche Einzelheiten habe ich im Garten kaum jemals beachtet, vieles hat sich dort von selber geregelt. Ich hatte mehr das Gesamtbild im Blick und mochte es sehr. Es steht mir als schöne Erinnerung noch lebendig vor Augen.

An schönen Tagen hat sich die Routine vom letzten Sommer wieder eingespielt: morgens mit dem 9-Uhr-Bus zum See, Spaziergang zur Badestelle, schwimmen, eine Stunde später mit dem nächsten Bus wieder zurück, wenn nötig, schnell etwas einkaufen, einen Espresso trinken und mich dann in der angenehm kühlen Wohnung an den Schreibtisch setzen. Endlich habe ich in diesen ruhigen Sommerwochen wieder mehr Zeit dafür. Doch sie vergeht viel zu schnell, ich komme nur langsam voran. Trotzdem wächst das Manuskript, das ich im letzten Sommer begonnen habe, langsam, aber stetig seinem Abschluss entgegen.

Ich hatte viel zu tun in diesem Jahr, war oft unterwegs und erntete erfreulich viel Echo und Bestätigung für meine Arbeit. Ein willkommener Ausgleich: So bleibt mein Horizont nicht auf das hiesige Umfeld beschränkt und was mir hier nicht so zusagt relativiert sich. Deshalb kann ich mit den meisten Unzulänglichkeiten (wie es sie überall anderswo auch gäbe) ganz gut leben. Vieles – und es wird immer mehr – ist inzwischen vertraut, anderes wird mir immer fremd bleiben. Vieles hat sich eingespielt und ist selbstverständlich geworden. Für anderes muss ich noch eine Lösung finden.

Gut gelöst sind die praktischen Dinge des Alltags. Allerdings musste ich bereits einiges neu organisieren und bin inzwischen bei der dritten Putzhilfe gelandet. Die erste, mit der ich sehr zufrieden war, hat mich wegen familiärer Verpflichtungen verlassen. Die Kollegin, die sie mir als Ersatz vermittelt hatte, war zwar nett, aber unzuverlässig, und hat mich nach kurzer Zeit ohne Vorwarnung wieder versetzt. Die dritte hingegen erweist sich als wahrer Glücksfall. Ich muss so etwas wie eine intuitive Eingebung gehabt haben, als ich die Frau, die das Bügeln besorgt – wie sich herausstellte, genau die richtige Person – fragte, ob sie vielleicht jemanden kennt. Sie ließ sich die Wohnung zeigen, erkundigte sich sehr genau, was zu tun sei, und sagte dann zu meiner größten Überraschung selber zu. Ich hatte keine Ahnung gehabt, dass sie gelegentlich solche Arbeiten übernimmt. Sie ist zuverlässig, tüchtig, hilfsbereit, und ich kann nur hoffen, dass sie mir erhalten bleibt. Die Wohnung ist perfekt geputzt, wofür Frau S. spezielle Lappen verwendet, mit denen sie praktisch ohne Putzmittel auskommt. Das ist sozusagen ihr Steckenpferd – und für mich angesichts diverser altersbedingter allergischer Empfindlichkeiten eine wahre Wohltat. Wenn ich verreist bin, kommt sie vorbei, um den Briefkasten zu leeren und im Sommer die Balkonpflanzen zu gießen. Als sie hörte, dass ich kürzlich ein paar Tage krank gewesen war, meinte sie, das nächste Mal müsse ich sie anrufen. Sie werde vorbeikommen, um nach mir zu sehen und mir »ein Süppchen« zu kochen. Zum Glück musste ich von diesem Angebot bisher keinen Gebrauch machen. Doch es ist beruhigend zu wissen, dass notfalls diese Möglichkeit bestünde.

Hilfe in Anspruch nehmen

Hilfe in Anspruch nehmen für Dinge, die man früher problemlos, sozusagen »mit der linken Hand«, erledigte und jetzt nicht mehr alleine schafft, ist eine befremdliche Erfahrung. Vielen Menschen fällt es schwer, Hilfe anzunehmen, sie empfinden es als beschämend und fühlen sich abgewertet. Warum eigentlich? Ist es nicht ein schönes Gefühl, sich manchmal helfen zu lassen, nicht immer alles selber machen zu müssen, sondern anderen zu überlassen, was einem Mühe macht – selbst wenn man es notfalls noch selber schaffen würde? Es ist eines der festgefahrenen Dogmen in der Betreuung sowohl von alten wie von behinderten Menschen: was sie selbständig machen können, darf ihnen keinesfalls abgenommen werden. Warum eigentlich nicht? Tut es nicht jedem Menschen gut, sich auch einmal zurückzulehnen und andere für sich machen zu lassen? Natürlich ist Selbständigkeit wichtig und natürlich ist es gut, möglichst lange möglichst vieles selber zu können. Doch beides ist notwendig: selbständig sein *und* Hilfe bekommen. Es ist kein Entweder-Oder, sondern mal ist das eine und mal das andere angebracht – je nach Situation und individuellen Bedürfnissen.

Noch viel schwieriger ist es, um Hilfe zu bitten. Gewiss, es gibt Menschen, die das bereits in jüngeren Jahren sehr gut können und, wo immer sich die Gelegenheit bietet, andere für sich springen lassen. Doch vielen anderen fällt es nicht leicht, um Hilfe zu bitten, sogar im Alter, wenn sie darauf angewiesen sind.

Selbst mit »käuflichen« Dienstleistungen, die sie sich durchaus leisten können, tun sich manche Menschen schwer. Oft machen sie nicht einmal von denen Gebrauch, auf die sie Anspruch haben und die von amtlichen oder privaten Organisationen umsonst oder zu sozialen, das heißt den Einkommensverhältnissen angepassten Bedingungen zur Verfügung gestellt werden. Erstaunlich viele Menschen, auch sehr wohlhabende, versagen sich Hilfeleistungen, die ihnen das Leben erleichtern würden, nur weil sie nicht »alt« erscheinen wollen. Als ob Altsein etwas Ehrenrühriges wäre, dessen man sich schämen müsste. Ich kenne Frauen meines Alters, die an der Kinokasse oder im Museum lieber den vollen Preis bezahlen, als die mancherorts gewährte »Seniorenermäßigung« in Anspruch zu nehmen, nur um nicht als alt wahrgenommen zu werden – als ob man uns nicht ohnehin ansähe, dass wir die 65 längst hinter uns gelassen haben.

Oft werden Menschen durch festgefahrene Vorstellungen

daran gehindert, sich das Leben leichter zu machen. Ein Taxi zu nehmen, zum Beispiel, oder im Zug erster Klasse zu reisen, hat für viele ältere Menschen geradezu etwas Anrüchiges, obwohl sie es sich problemlos leisten könnten. Ohne weiteres fliegen sie in die Karibik in die Ferien, gönnen sich eine Kreuzfahrt oder ein teures Auto, aber ein Taxi – niemals.

Selbstverständlich setzen die zur Verfügung stehenden Mittel dem Spielraum Grenzen – den einen engere, den anderen weitere. Doch wenigstens *innerhalb* dieser Grenzen sollte man alle Möglichkeiten nutzen, um sich das Leben im Alter so angenehm wie irgend möglich zu gestalten. Es geht nicht um irgendwelchen Luxus, sondern darum, ein Gegengewicht zu schaffen zu den Beeinträchtigungen, die das Alter nun einmal mit sich bringt. Dazu müssen alte Gewohnheiten überprüft und Prioritäten neu gesetzt werden. Und man muss darüber nachdenken, was einem wirklich wichtig ist und was nicht – und dann vielleicht den einen oder anderen »alten Zopf« abschneiden. Bis zu einem gewissen Grad haben wir es selber in der Hand, unsere Lebensqualität zu verbessern. Dazu gehört es auch, das sein zu lassen, was wir nicht mehr oder nur noch mit Mühe bewältigen können. Vielleicht bleibt dann halt mal etwas eine Weile länger liegen und die Fenster sind nicht immer so perfekt geputzt wie früher. Wenn schon …, der nächste Regen kommt bestimmt.

Dinge sein zu lassen, die ich schwer bewältigen kann, fällt mir nicht schwer. Und wenn mir Hilfe angeboten wird, nehme ich sie gerne an. In einer überfüllten Straßenbahn stehen zu müssen, macht mir Mühe. Ich bedaure es sehr, dass äußerst selten jemand aufsteht und seinen Sitzplatz anbietet oder sich dazu bequemt, seine Taschen und Pakete von einem an sich freien Sitz zu räumen. In diesem Punkt trauere ich manchmal ein wenig den Zeiten nach, in denen es selbstverständlich war, dass Jüngere den Älteren ihren Sitzplatz zur Verfügung stellten, wenn kein anderer frei war. Als Kinder und Jugendliche wurden wir vom Schaffner (den es damals noch gab) unmissverständlich zum Aufstehen aufgefordert, wenn wir es nicht von selber taten. Noch viel mehr ärgere ich mich allerdings über alte Menschen, die – oft ziemlich pikiert – abwinken, wenn schon einmal (selten genug) jemand seinen Platz anbietet. Da muss man sich nicht wundern, dass solche Gesten immer mehr verschwinden. Mir sind solche rüden Reaktionen unverständlich. Auf der einen Seite beklagt man den zunehmenden Mangel an Rücksichtnahme bei der jüngeren Generation, auf der anderen reagiert man auf zuvorkommende Gesten abweisend – vielleicht um nicht »alt« zu erscheinen? Solche Gesten anzunehmen ist für mich ein Gebot des Anstands – ich scheue mich nicht, dieses altmodische Wort zu verwenden – und der Wertschätzung gegenüber dem Menschen, der sie anbietet. Ich bin jedenfalls immer sehr froh, wenn ich nicht stehen muss, und nehme einen angebotenen Platz dankbar an, selbst wenn ich an der nächsten Haltestelle schon wieder aussteigen muss – einfach um zu zeigen, wie sehr ich dieses freundliche Angebot schätze.

Etwas ganz anderes ist es, um Hilfe zu bitten. Das musste ich erst lernen. Bis vor wenigen Jahren konnte ich es überhaupt nicht. Wie oft habe ich erlebt, dass der Zugbegleiter einer viel jüngeren Frau, die vor mir einstieg, zuvorkommend das Gepäck in den Zug hievte und, als ich an der Reihe war, stur an mir vorbeischaute und sich wegwandte. Ich hatte selbstverständlich erwartet, dass er mir ebenfalls behilflich sein würde, doch ich brachte es nicht über mich, ihn anzusprechen und darum zu bitten. Das lernte ich erst, als ich vor ein paar Jahren wenige Tage nach einer Augenoperation zu einem Vortrag nach Süddeutschland reisen musste, mit Regionalzügen und mehrmaligem Umsteigen. Da ich auf keinen Fall schwer tragen durfte, blieb mir nichts anderes übrig, als Unbekannte anzusprechen und sie zu fragen, ob sie mir den Koffer in den Zug heben oder, wenn es keinen Aufzug gab, die Bahnsteigtreppe hinauf- oder hinuntertragen würden. Die meisten reagierten bereitwillig und freundlich, manche auch leicht irritiert – aber alle taten es. Es war neu und gewöhnungsbedürftig, fremde Menschen um Hilfe zu bitten, und kostete mich anfangs viel Überwindung. Inzwischen habe ich mich damit abgefunden, in solchen Situationen nicht nur ausnahmsweise wegen eines frisch operierten Auges, sondern der morschen Knochen wegen immer Hilfe zu brauchen und andere darum bitten zu müssen. Leicht fällt mir es mir noch immer nicht.

26

Das Netz meiner Bezugspunkte im hiesigen Umfeld erweitert sich langsam, aber stetig. Mit Freunden, die zu Besuch waren und denen ich etwas von der Gegend zeigen wollte, habe ich noch einiges entdeckt, das ich bisher nicht kannte: andere Uferpartien am See, Spazierwege auf den Jurahöhen, die ohne Auto schwer zu erreichen sind, hübsche Ecken im Städtchen, in die ich bisher noch nicht gekommen war. Zu meiner Überraschung stellte sich heraus, dass es außer der »Krone« noch ein paar andere sehr gute Restaurants gibt – erstaunlich viele für eine so kleine Stadt – und überall war ein etwas anderes Publikum anzutreffen. Die Bevölkerungsstruktur ist offenbar doch vielfältiger, als es auf den ersten

Blick den Anschein hatte. Was die Restaurants angeht, finde ich es angenehm, eine Wahl zu haben, wenn ich Verwandte oder Freunde zum Essen einladen möchte. Selber kochen – das mache ich für Gäste nur noch selten. Anders als früher stresst es mich, und ich habe das Timing nicht mehr richtig im Griff. Wenn ich mich mit den Besuchern unterhalte, achte ich nicht auf die Zeit – und schon ist das Essen missraten.

Früher habe ich das mit der linken Hand gemacht. Viel Zeit wollte (und konnte) ich nicht in der Küche verbringen. Das Essen war trotzdem gut. Ich war nie »nur« Hausfrau, habe immer noch anderweitig gearbeitet, anfangs mehr, später, als die Kinder klein waren, etwas weniger, doch aufgehört habe ich nicht. Übersetzen konnte ich zuhause am Schreibtisch, das ließ sich mit Kindern und häuslichen Pflichten gut verbinden. Ich konnte mir die Zeit weitgehend selber einteilen – allerdings waren manchmal recht knapp angesetzte Ablieferungstermine einzuhalten, sodass ich gelegentlich schon unter Druck kam.

Wie oft habe ich früher für Gäste gekocht, und das – fast immer – gern. Wir hatten häufig Besuch, meine Küche wurde geschätzt, und wir freuten uns, wenn sich die unterschiedlichsten Menschen an unserem Tisch einfanden. Eine Zeitlang nahm das dann allerdings etwas überhand. Offenbar hatte sich in Kreisen, mit denen mein Mann beruflich zu tun hatte, herumgesprochen, dass man »bei Pörtners gut isst«. Oft meldeten sich Leute, die gerade in der Gegend zu tun hatten, von denen aber nicht recht klar wurde, was sie eigentlich bei uns wollten – außer einem guten Essen, bei dem sie ihr Spesengeld sparten. Dass ihnen ein solches von mir aufgetischt würde, schienen sie als selbstverständlich anzunehmen. Eine etwas einseitige Selbstverständlichkeit, denn merkwürdigerweise wurde umgekehrt mein Mann nie zum Essen eingeladen, wenn er in Deutschland zu tun hatte. Einmal hat mich ein damals recht bekannter, inzwischen in Ver-

gessenheit geratener Schriftsteller sogar gerügt, weil es Spaghetti gab – das sei für einen Mann mit Schnurrbart eine Zumutung! (Zu der Zeit hatte die italienische Küche Deutschland noch nicht erobert.) Schließlich wurde es uns zu dumm, und wir beschlossen wählerischer zu werden mit unserer Gastfreundschaft. Mit manchen Leuten verabredete sich mein Mann nur noch im Café. Von da an hatte ich in jenen Kreisen den Ruf einer Megäre, denn an diesem Sinneswandel konnte selbstverständlich nur ich schuld sein. Mein Mann wurde bedauert. »Ein Mann braucht eine Frau, die ihm den Rücken freihält«, meinte ein ebenfalls nicht ganz unbekannter Schriftsteller (ohne Schnurrbart) mitleidig zu ihm. Das war damals die allgemein vorherrschende Meinung – nicht nur von Männern. Ich fand das etwas seltsam. Aber die meisten Frauen, denen ich begegnete, sahen es anders, und so hatte ich stets ein vage schlechtes Gewissen, weil ich den Ansprüchen an eine gute Ehefrau offenbar nicht zu genügen vermochte. Dass mir selber etwas fehlte, war mir damals nicht bewusst. Die vage Unzufriedenheit, die mich gelegentlich erfüllte, schrieb ich meiner Unzulänglichkeit zu, und Wunschvorstellungen, die mir manchmal durch den Kopf gingen, hielt ich für unrealistisch und unberechtigt. Feministische Ideen waren in jenen Jahren noch nicht verbreitet, und als sie später »in« waren und recht aggressiv verkündet wurden – zum Teil von denselben Leuten, die vorher das Gegenteil vertreten hatten –, ließen sie mich kalt. Sie waren mir zu extrem und kamen für mich zu spät. Ich hatte unterdessen meinen Weg gefunden. Doch später konnte ich mit Genugtuung feststellen, dass einiges von dem, was ich mir früher gewünscht hätte, inzwischen nicht mehr als überspannt angesehen wurde, sondern selbstverständlich geworden war. Vermutlich waren die extremen Forderungen notwendig gewesen, damit überhaupt etwas in Gang kam.

Was die anregenden Tischrunden betraf – die gab es bei uns zuhause weiterhin: mit Freunden, mit Nachbarn, einfach mit

Menschen, die wir mochten und mit denen wir etwas gemeinsam hatten.

Seit ich hier lebe, bedeutet es mir besonders viel, wenn Freunde zu Besuch kommen, mehr noch als zuvor in Zürich. Es ist mir wichtig, dass sie meine neue Wohnung kennen lernen und sich vom Umfeld ein Bild machen können. Mit jedem vertrauten Menschen, der mich besucht, wächst ein bisschen Heimatgefühl. Besonders berührt hat mich, dass sogar Freunde von weither angereist kamen, aus Belgien und Norddeutschland, weil es ihnen ein Anliegen war zu sehen, wo und wie ich jetzt lebe. So haben sich räumlich ferne Beziehungen durch den Wohnortwechsel überraschend gefestigt und vertieft, während einige andere, eigentlich viel näher liegende sich – ebenso überraschend – lockerten und ferner gerückt sind. Ob es daran liegt, dass ich für Freunde im Ausland jetzt einfach anderswo wohne, während ich von Zürich aus gesehen *weg* gezogen bin und manche mir das ein wenig verdenken? Ein seltsamer Gedanke, aber es könnte etwas dran sein.

So kommt meine Integration schrittweise voran. Vor kurzem habe ich mich entschlossen, mir hier einen Steuerberater zu suchen, obschon das nicht unbedingt nötig gewesen wäre. Der bisherige hat das von Zürich aus durchaus gut gemacht. Doch plötzlich fand ich: Warum nicht jemanden von hier berücksichtigen, der die Verhältnisse noch etwas besser kennt? Zudem ist es viel bequemer, nicht jeweils mit allen Unterlagen nach Zürich fahren zu müssen. Ich ließ mir jemanden empfehlen und verabredete einen Termin. Interessant, wie es plötzlich, wenn die Zeit reif ist, leicht fällt, aus eigenem Antrieb den einen oder anderen Verbindungsfaden zu lösen, den ich in der Anfangszeit noch unbedingt zu brauchen meinte.

Sehr erstaunt war ich, als sich kürzlich die Apothekerin sehr freundlich erkundigte, ob ich mich denn schon ein wenig eingelebt hätte. Ich war sprachlos. Wahrheitsgemäß antwortete ich dann: ja – mit Vor- und Nachteilen«, und schon ergab sich ein kurzes Gespräch, entstand erstmals ein persönlicher Kontakt. Seither sind die Einkäufe dort wesentlich angenehmer geworden; die meisten Angestellten kennen mich inzwischen mit Namen und bedienen mich viel zuvorkommender als bisher. Vielleicht war das, was ich als Unfreundlichkeit empfunden hatte, lediglich ihre etwas herbe Art, mit Unbekannten umzugehen. Wie hatte doch der Arzt gesagt: »Es dauert hier eine Weile, bis die Leute auftauen.« Ein wenig hatte ich wohl selber zu dieser Veränderung beigetragen. Dass ich mich neulich telefonisch entschuldigte, weil ich ein ausstehendes Rezept nicht wie versprochen sofort, sondern erst in ein paar Tagen nachreichen konnte, hat die Apothekerin offensichtlich sehr überrascht, denn sie bedankte sich ausführlich für meinen Anruf.

Klischees über alte Menschen widerlegen

Es genügt nicht, sich gegen Vorurteile zu wehren – man muss sie durch sein Verhalten entkräften, damit man anders wahrgenommen werden kann. Kontakt entsteht erst, wenn man für das Gegenüber als Person wahrnehmbar wird, wenn man sich so zu erkennen gibt und einbringt, wie man ist – und zwar nicht nur dann, wenn es etwas zu kritisieren gibt. Dadurch dass man sich anderen gegenüber aufmerksam und mitdenkend zeigt, auch für ihre Situation Verständnis aufbringt, zugleich aber klar zu seinen Ansichten steht, kann man gängige Klischees Lügen strafen. Welche Vorstellungen über alte Menschen in einer Gesellschaft vorherrschen, wird nicht nur durch Vorurteile bestimmt, sondern auch durch alte Menschen selber beeinflusst. Wir sind nicht gezwungen, Klischees einfach hinzunehmen oder ihnen gar zu entsprechen – wir können handeln und sie dadurch widerlegen.

Inzwischen gehe ich richtig gern in die Apotheke. Wenn die Apothekerin mich sieht, kümmert sie sich meistens selber um mich, wobei wir immer ein paar persönliche Worte wechseln. Neulich, als ich am Samstag etwas brauchte, das nicht vorrätig war und erst nach Ladenschluss geliefert wurde, rief sie mich an, und meinte, sie hätten ohnehin Sonntagsdienst, sie würde einen Spaziergang machen und es mir vorbeibringen. Ich war sprachlos und hocherfreut, denn am Nachmittag musste ich verreisen und brauchte das Medikament für unterwegs. Über das Päckchen Schokolade, mit dem ich mich revanchierte, hat sich wiederum das Apotheken-Team sehr gefreut.

27

Altbekanntes auf neue und andere Weise zu erleben ist eine spannende Erfahrung. Als ich noch in Zürich wohnte, gehörte es zum Alltag, hin und wieder »in die Stadt« zu gehen, wenn etwas zu erledigen war oder ich etwas Bestimmtes vorhatte. Heute empfinde ich die Ausflüge nach Zürich als etwas Besonderes, das sich vom Alltag abhebt, obwohl ich auch jetzt immer etwas zu erledigen habe. Aber ich *fühle* mich anders, mehr wie zu Besuch in einer fremden Stadt, in der ich – wenn ich schon einmal da bin – die Zeit möglichst angenehm nutzen möchte. Vielleicht treffe ich mich mit Bekannten, die ich eine Weile nicht gesehen habe, oder ich gehe ins Kino, besuche eine Ausstellung, esse in einem netten Lokal, trinke irgendwo gemütlich einen Kaffee, gönne mir irgendetwas, worauf ich gerade Lust habe. Besonders genieße ich das doch recht großstädtische Flair, das mir früher gar nicht als solches aufgefallen ist – es war einfach Zürich, wo ich zuhause war. Und jetzt zeigt sich mir die Stadt, in der ich fast mein ganzes Leben verbracht habe, auf einmal in ganz neuen Farben – oder besser gesagt: ich sehe sie mit neuen Augen.

Nach ein paar Stunden habe ich dann wieder genug vom Trubel und komme gern in meine ruhige Wohnung zurück. Als ich noch in Zürich wohnte, ging ich längst nicht jeden Tag in die Stadt, sondern habe viel Zeit zuhause verbracht. Die »vier Wände«, die ich bewohnte, waren mir überall, wo ich gelebt habe, sehr wichtig – ob das ein möbliertes Zimmer war (wie in meiner Jugend noch üblich), eine Wohnung oder später ein Haus. Wenn ich sie mit ein paar persönlichen Dingen zu »meinen« vier Wänden machen konnte – was mir eigentlich immer gelungen ist – und mich in der engeren »Hülle« meiner Behausung wohlfühlte, kam ich mit dem jeweiligen Umfeld ebenfalls zurecht, selbst da, wo es mir nicht so besonders zusagte. Wiederum sind »meine vier Wände« der entscheidende Faktor, dass ich gerne hier lebe, auch wenn ich in gewisser Weise immer »eine Fremde« bleiben werde.

Bedeutet fremd sein nicht einsam sein? Ich müsste lügen, wenn ich bestreiten wollte, dass ich mich manchmal einsam fühle – es gibt solche Momente, doch sie sind selten. Es gab sie in Zürich genauso, aber die »zweite Haut« der seit Jahren vertrauten Umgebung hat das Gefühl der Einsamkeit abgeschwächt, während es hier durch das »Fremdsein« verstärkt wird. Naturgemäß nimmt das Alleinsein im Alter zu: Nahestehende Menschen sterben, andere ziehen sich – aus welchen Gründen auch immer – zurück. Und mit zunehmendem Alter verändern sich die Bedürfnisse: Ich bin lieber allein als in Gesellschaft von Menschen, mit denen ich nicht wirklich in Kontakt komme. Umso wichtiger sind mir die geworden, mit denen ein wirklicher Austausch möglich ist. Dabei muss es keineswegs immer um Tiefsinniges gehen. Auch über alltägliche Dinge kann ein gutes Gespräch, ein persönlicher Kontakt entstehen, selbst bei einer kurzen Begegnung im Vorübergehen – wenn das Gegenüber als Person spürbar wird.

Vermehrt alleine zu sein bedeutet nicht zwangsläufig, dass das Gefühl der Einsamkeit zunimmt. Es hat in allen Lebensphasen Zeiten oder Momente gegeben, in denen ich mich einsam fühlte, am ausgeprägtesten in der Kindheit, als ich sehr viel allein war. Später gab es Zeiten, in denen ich praktisch nie allein war – und mich dennoch manchmal sehr einsam fühlte. Jetzt, da ich schon seit vielen Jahren allein lebe, fühle ich mich nur selten einsam – und wenn, erlebe ich es eher als existenzielle Grunderfahrung denn als ein persönliches Leid.

Allein leben

Alleinsein gehört genauso zum Leben, wie unter Menschen sein. Wir brauchen beides, die Einen mehr das Eine, die Anderen mehr das Andere. Hier sein persönliches Gleichgewicht zu finden ist entscheidend für das psychische Wohlbefinden (das sich sehr oft auch auf das körperliche Wohlbefinden auswirkt) – und nicht immer einfach zu verwirklichen.

Der Mensch ist ein soziales Wesen, so lautet die herrschende Doktrin. Daran ist nicht zu zweifeln – nur darf nicht vergessen werden, dass das nicht nur beinhaltet,

Gemeinschaft erleben zu wollen, sondern auch die andere Seite dazu gehört: das Bedürfnis allein zu sein. Nicht alles und jedes kann im Beisein von anderen gelebt werden. Jeder Mensch braucht zwischendurch Zeit und Raum für sich selber, sei es um nachzudenken, um etwas auszuprobieren, um bestimmte Erfahrungen zu machen, oder um sich über etwas klar zu werden – die Aufzählung ließe sich beliebig fortsetzen.

Der Wunsch nach Alleinsein stößt in unserer Gesellschaft in der Regel auf wenig Verständnis, sondern wird häufig als »psychisches Problem« betrachtet. Einzelgänger sind eher verpönt, werden als Sonderlinge und nicht selten als »gestört« abgestempelt. Das Bedürfnis nach Gemeinschaft hingegen ist allgemein akzeptiert. Es braucht sehr viel mehr Mut, sich den Wunsch nach Alleinsein einzugestehen und ihn anderen gegenüber zu vertreten, als sich zum Bedürfnis nach Kontakt und Gemeinschaft zu bekennen. Viele Menschen haben die herrschende Doktrin so verinnerlicht, dass sie ihr Bedürfnis nach Alleinsein schon selber nicht akzeptieren können. In meiner therapeutischen Tätigkeit hatte ich immer wieder mit Klientinnen und Klienten zu tun, die äußerst beunruhigt waren und sich Sorgen, ja sogar Vorwürfe machten, wenn sie bei sich eine Neigung verspürten, sich zurückziehen.

Raum und Zeit für sich allein zu haben, ist unentbehrlich, auch in einer Partnerschaft, und sei sie noch so innig und liebevoll. Oft wird versäumt, das offen anzusprechen und sich gegenseitig diesen Raum zu gewähren, sei es aus Angst, den andern zu kränken, oder aufgrund der unrealistischen Vorstellung, Partnerschaft bedeute absolute Zweisamkeit. Die sitzt bei manchen Menschen noch sehr fest – bei der älteren Generation wohl mehr als bei jüngeren Menschen. Doch unerfüllte Bedürfnisse nach Allein-

sein machen – paradoxerweise – einsam und entfremden die Partner voneinander.
Menschen, die allein leben, kommen im Alter schlechter zurecht als solche, die mit anderen zusammenleben – behaupten die Experten. Ich wage das zu bezweifeln. Es hat wohl beides Vorzüge und Nachteile, und ob jemand sich mit der einen oder mit der anderen Lebensform besser zurechtfindet, hängt von vielen Faktoren ab: von der Lebensgeschichte, von individuellen Vorerfahrungen, persönlichen Wesenszügen, Prägungen und Präferenzen, um nur einige zu nennen. Die meisten Menschen haben gar nicht die Wahl, ob sie allein leben wollen oder nicht. Schon deshalb ist es falsch, das eine gegen das andere auszuspielen. Allein leben ist nicht die schlechteste Lebensform, sie hat – wie alles im Leben – ihre guten und ihre schlechten Seiten.

Ich zum Beispiel lebe gern allein. Ausgesucht habe ich es mir nicht. Es hat sich so ergeben – eine Trennung, ein früher Tod –, ich musste mich früh daran gewöhnen. Am Anfang fiel es mir sehr schwer, doch mit der Zeit merkte ich zu meinem Erstaunen, dass diese Lebensform auch manches für sich hat.

Eine banale Erfahrung, aber doch ein »Schlüsselmoment« ganz zu Anfang, als ich noch damit haderte, allein leben zu müssen: Ziemlich niedergeschlagen saß ich beim Frühstück, griff lustlos nach der Zeitung, um mich abzulenken – und merkte plötzlich, wie gemütlich es ist, beim Frühstück in Ruhe die Zeitung zu lesen. Das wäre mir früher nicht im Traum eingefallen, obwohl beim Frühstück eigentlich niemand gesprächig gestimmt war. Auf einmal überkam mich inmitten meiner traurigen Grundstimmung ein Glücksgefühl, das diesem nichtigen Anlass über-

haupt nicht angemessen war. Doch er hat mir Augen geöffnet für die durchaus auch vorhandenen schönen Seiten meiner veränderten Lebenssituation, denen ich von nun an ganz allmählich, mit vielen Hochs und Tiefs, immer mehr auf die Spur kam.

Mein »Single«-Leben dauert inzwischen schon fast doppelt so lang wie das Leben in einer Partnerschaft – und ich könnte mir nichts Anderes mehr vorstellen. Selbst in einer festen Beziehung möchte ich heute nicht mehr mit einem anderen Menschen zusammen wohnen. Ich schätze den Freiraum um mich herum, der mir ermöglicht, meinen Alltag so zu gestalten, wie es mir entspricht. Im Alter entwickelt man so seine Eigenheiten und ist froh, wenn man vor sich hinwursteln kann, ohne jemanden zu stören und ohne von jemandem gestört zu werden, ohne gegenseitig über unterschiedliche Alltagsgewohnheiten zu stolpern.

Natürlich fehlt mir manchmal ein Gegenüber, um sich über die kleinen Dinge des täglichen Lebens auszutauschen, über das, was uns gerade beschäftigt, Belangloses und weniger Belangloses. Manchmal staut sich dann das Mitteilungsbedürfnis auf und ich rede zu viel, wenn ich mit Anderen zusammenkomme. Ich nenne das »meine Altersgeschwätzigkeit« und versuche, sie im Zaum zu halten, aber es gelingt mir nicht besonders gut. Das ist – zugegeben – eine Schattenseite des Alleinlebens. Und natürlich fände ich es schön, manche Dinge nicht allein, sondern mit jemandem gemeinsam zu machen. Doch auch in einer Partnerschaft ist das nicht immer möglich. Oft lassen sich die zeitlichen Möglichkeiten nicht vereinbaren, manchmal klaffen die Interessen auseinander, sind die Bedürfnisse verschieden oder haben sich im Laufe der Zeit in gegensätzliche Richtungen entwickelt. Die Gefahr ist groß, ein Bild von der Beziehung aufrechtzuerhalten, das man sich einmal gemacht hat, und nicht zu merken, dass es längst nicht mehr der Realität entspricht, dass die Beziehung sich verändert hat.

Es ist manchmal erschreckend, wie alte Paare miteinander umgehen. Vor allem auf Zugfahrten fällt mir das auf. Sie reden zwar miteinander, aber nicht wirklich. Beide spulen ihr eingespieltes Muster ab, das sie gegenseitig auswendig kennen. Sie wissen schon vorher, wie der andere reagieren wird, hören einander gar nicht erst zu, sondern haben die Antwort von vornherein bereit – die gleiche wie immer. Eine bedrückende Abgestumpftheit wird in diesen belanglosen Gesprächsfetzen spürbar, und oft ist die unterschwellige Aggressivität geradezu mit Händen zu greifen. Da bin ich dann immer dankbar, dass mir das erspart geblieben ist. Wer weiß, ob ich – wir – es besser gemacht hätten. Gegen Routine und Abstumpfung ist niemand gefeit.

Sicher, auch das Gegenteil lässt sich bei älteren Paaren beobachten, allerdings seltener: berührende kleine Gesten liebevoller, in langen Jahren gewachsener Verbundenheit. Die gegenseitige Zuneigung ist deutlich zu spüren, selbst wenn sie sich nur über Belanglosigkeiten austauschen. Es tut gut, das zu sehen und einmal mehr daran erinnert zu werden, dass nichts verallgemeinert werden darf, wenn es um Menschen geht. Das sollten sich Behörden und Fachleute im Sozialbereich viel mehr zu Herzen nehmen und Mut zu unkonventionellen Lösungen haben.

Beziehungen verändern sich im Lauf der Jahre und mit ihnen die Bedürfnisse nach Nähe oder Distanz. Dem wird nicht immer genügend Rechnung getragen. In der Regel macht das die jüngere Generation besser, während ältere Paare sich damit schwerer tun. Aber auch das lässt sich nicht verallgemeinern. Hier ein erstaunliches Beispiel: Herr und Frau G., beide über achtzig, seit mehr als sechzig Jahren verheiratet, haben eine ganz normale Ehe geführt, mit Auf und Ab, wie das so ist, doch ohne nennenswerte Konflikte oder Streitigkeiten, und mit traditioneller Rollenverteilung: Herr G. bestimmte, wo es langgeht, Frau G. war damit zufrieden. Dann hatte Herr G. einen Herzinfarkt, und kurz danach musste auch Frau G. ins Krankenhaus. Danach war klar, dass sie es allein in ihrer Wohnung nicht mehr schaffen konnten. So wurde nach anderen Lösungen gesucht. Zur allgemeinen Bestürzung erklärte Frau G., sie wolle nicht ins selbe Altersheim wie Herr G., auch nicht, wenn sie je ein Zimmer für sich bekämen, sie habe ihn ihr Leben lang gehabt und wolle jetzt noch einmal etwas Anderes. Ihre Kinder, die aus allen Wolken fielen, versuchten sie mit allen Mitteln umzustimmen, doch sie war nicht von ihrem Entschluss abzubringen. Herr G. sagte nicht viel dazu, doch es schien ihm recht zu sein. Frau G. bezog eine kleine Wohnung in einer Alterssiedlung am Stadtrand, er bekam ein Zimmer in einem Altersheim, das im selben Quartier lag, in dem sie bisher gewohnt hatten und wo er viele Leute kannte. Beide waren zufrieden. Sie waren sich nicht böse und telefonierten mehrmals in der Woche miteinander.

Ein solches Arrangement ist sicher eine absolute Ausnahme, und man muss den Behörden der betreffenden Stadt schon ein Kränzchen winden dafür, dass sie diesen Wunsch ernst genommen und nach einer entsprechenden Lösung gesucht haben. Herr und Frau G. waren nicht vermögend, sie sind beide in städtischen Einrichtungen untergekommen. Von solcher Bereitschaft, für ausgefallene Wünsche auch einmal eine unkonventionelle Lösung zu finden, kann man anderswo nur träumen. Diese Flexibilität wäre den zuständigen Behörden überall zu wünschen. Vor allem aber ist der Mut dieser beiden alten Menschen zu bewundern, die zuvor ein angepasstes Leben und eine normale durchschnittliche Ehe geführt hatten – der Mut sich am Ende ihres Lebens noch auf etwas Neues, ganz und gar Unübliches einzulassen.

28

Ob ich wieder so entscheiden würde, wenn ich das Rad noch einmal zurückdrehen könnte? Die Frage wird mir oft gestellt – mit unüberhörbar skeptischem Unterton. Die Antwort ist eindeutig: Ja. Es ist gut so, wie es jetzt ist.

Entscheidungen sind nie nur richtig oder nur falsch

Es ist eine Illusion zu glauben, wenn man sich nur »richtig« entscheide, sei alles gut. Wie immer man sich entscheidet, es gibt Vor- und Nachteile. »Jede Entscheidung ist 49 zu 51 Prozent«, hat vor Jahren einmal ein kluger Therapeut gesagt. Eine weise Einsicht, die ich an viele meiner Klienten weitergegeben habe. Sie hilft bei Entscheidungsschwierigkeiten. Es ist sehr entlastend zu wissen, dass jede Entscheidung sowohl Gewinn wie Verlust beinhaltet. Wenn man sich dann noch bewusst macht, welches die möglichen Vor- und Nachteile sind und was von beidem schwerer wiegt, wird man Entscheidungen treffen, mit deren beiden Seiten man gut leben kann.

Auch wenn mir hier nicht alles gefällt – ich bereue den Schritt nicht. Er ist mir nicht leicht gefallen, doch er hat mich weiter gebracht, mir Einsichten und Erfahrungen ermöglicht, die ich sonst nicht gehabt hätte. Was ist denn so besonderes an den Erkenntnissen, die ich in diesen zwei Jahren gewonnen habe? Sind es nicht ganz banale Erfahrungen, die ich hier schildere? Erfahrungen, die jeder alt werdende Mensch macht, die ganz einfach zum Leben gehören, auch ohne dass es eines Tages von Grund auf umgekrempelt wird, sondern weiterhin in gewohnten Bahnen verläuft? Hat mich die Umstellung meiner Lebensgewohnheiten nicht viel zu viel Energie gekostet, die ich anders besser und sinnvoller hätte einsetzen sollen? War es das wert und was hat es mir letztlich gebracht?

Manchmal, an besonders schönen, stillen Sommertagen, wenn nur wenige Leute am See sind, empfinde ich beim Schwimmen ein unbändiges Glücksgefühl. Und wenn ich dann noch eine Weile am Ufer sitze und über die blaue Wasserfläche schaue – in der Ferne schimmern die Schneeberge, ein paar Schwäne ziehen vorbei, ein Fischreiher steht reglos im Schilf –, denke ich: ja, das allein schon, war es wert. Diesen wunderschönen See in erreichbarer Nähe zu haben und im Sommer täglich in ihm schwimmen zu können entschädigt mehrfach für das, was mir in dieser Gegend weniger gefällt. Ganz nebenbei habe ich festgestellt, dass ich in diesem Jahr nicht etwa immer weniger, sondern immer weiter hinausgeschwommen bin. Es kommt also auch vor, dass Fähigkeiten nicht ab-, sondern zunehmen.

Der Einschnitt in den bisher gewohnten Gang der Dinge hat mir das Vorübergehende dieses Lebensabschnitts – des Lebens überhaupt – sehr deutlich bewusst gemacht. Ganz konkret habe ich auf diese Weise erfahren: Nichts ist von Dauer, alles ist ständig im Fluss, ist Vorstufe und Übergang zur nächsten Stufe. Natürlich wusste ich das schon vorher, es ist nichts Neues und gilt nicht nur für die späten Jahre. Aber in jüngeren Jahren hat es sich anders angefühlt. Und dennoch:

Auf den Blickwinkel kommt es an

Der Blickwinkel wird sowohl von gesellschaftlichen wie von individuellen Faktoren bestimmt. Ob unausweichliche Veränderungen als befreiend oder als beeinträchtigend empfunden werden, ob sie mit mehr oder weniger körperlichen Beschwerden einhergehen, hängt stark von den Lebensbedingungen ab und ist *auch* eine Frage des Blickwinkels. Ein eindrückliches Beispiel dafür ist, wie unterschiedlich die sogenannten Wechseljahre erlebt werden können. Es gibt Kulturen, in denen die Beschwerden, die bei uns den Frauen in der Menopause zu schaffen machen, fast gar nicht auftreten oder sogar unbekannt sind. Es sind Kulturen, in denen die Lebensweise der Frauen, solange sie fortpflanzungsfähig sind, strengen Regeln unterworfen und ihre Bewegungsfreiheit stark eingeschränkt ist. Mit dem Ende der Fruchtbarkeit werden die Regeln hinfällig und die Kontrolle hört auf. Das bedeutet: die Menopause beschert den Frauen mehr Freiheit und größeren Handlungsspielraum und stärkt damit ihr Selbstbewusstsein. Kein Wunder, dass die Wechseljahre mehr herbeigesehnt als gefürchtet werden. Eindrücklich, wie sich das so weit auswirkt, dass körperliche Beschwerden weitgehend fehlen.

Bei uns hingegen ist es (vor allem war es bisher) eher umgekehrt. Viele Frauen erleben die Menopause als teilweisen Verlust ihrer weiblichen Identität, unter dem sie seelisch und körperlich leiden. Sie fühlen sich herabgemindert. Depressionen und mancherlei körperliche Beschwerden machen ihnen zu schaffen, die mit Hormon- und anderen Therapien bekämpft werden. Sicher gibt es – und gab es schon früher – auch Frauen, die das nicht so erleben. Ich selber hatte eigentlich keine Probleme mit den Wechseljahren, gewisse Begleiterscheinungen waren lästig, mehr nicht – vielleicht weil ich damals viel zu sehr damit beschäftigt war, mir ein neues Berufsleben aufzubauen. Und ich kenne andere meiner Generation, denen es ähnlich ging. Persönliche Lebensumstände und Sichtweisen spielen dabei eine ebenso große Rolle wie die gesellschaftlichen Voraussetzungen.

Da verändert sich jetzt einiges. Frau S., zum Beispiel, erlebt die beginnenden Wechseljahre keineswegs als beschwerlich, sondern im Gegenteil als großartige Zeit, befreiend und belebend, als Zeichen des Aufbruchs und als Ansporn, neues zu wagen. Die vielgeschmähten Wallungen beschreibt sie als »Powerschübe«, in denen schlummerndes Potenzial an die Oberfläche drängt. Sie ist damit nicht allein, ihren Freundinnen gehe es ähnlich. Das ist für unsere Breiten eine radikal neue Sichtweise – und noch keineswegs die Norm. Doch ganz allmählich zeichnet sich da ein Wandel ab.

Das hängt einerseits mit der veränderten Rolle der Frauen in der Gesellschaft, andererseits mit der höheren Lebenserwartung zusammen. Im Gegensatz zu früher haben Frauen heute nach der Familienzeit noch viele Jahre vor sich, in denen sich manches verwirklichen lässt, für das bisher in ihrem Leben kein Platz war. Es ist daher einleuchtend, dass die Aussicht auf neue Möglichkeiten, die sich in diesen Jahren auftun, ebensoviel oder sogar mehr Gewicht bekommt als die Melancholie über das, was zu Ende ist. Ein ähnlicher Wandel in der Einstellung zum Alter bahnt sich an.

29

Obwohl ich die Veränderung meiner Lebensumstände als Antrieb und Ansporn erlebt habe, obwohl sie mich belebt und in mancher Hinsicht gestärkt hat – jünger bin ich nicht geworden. Dass sich das Alter mit jedem Jahr mehr bemerkbar macht, ist nicht zu übersehen. Die Tage werden immer kürzer, weil ich für alles mehr Zeit brauche und weniger geschafft bekomme. Zudem benötige ich viel Schlaf – zu viel, finde ich manchmal, wenn ich abends schon früh müde werde und dann morgens doch später aufwache. Auch der Mittagsschlaf dauert oft länger, als ich möchte, und dann ist der Nachmittag viel zu kurz für alles, was ich mir eigentlich vorgenommen hatte.

Beim Aufwachen habe ich manchmal das Gefühl, von sehr weit her zu kommen, aus einer ganz anderen Welt, und es dauert einige Zeit, bis ich wieder ganz »da« bin. Der Schlaf hat eine ganz andere Qualität als in jüngeren Jahren. Es kommt mir vor, als bilde er so etwas wie eine Brücke in jene andere Welt, die wir nicht kennen, als sei Schlafen eine kleine Kostprobe dessen, was nachher kommt. Vor ein paar Jahren hörte ich jemanden sagen, er habe sein Leben lang den Schlaf als allnächtliche Vorübung zum Tod empfunden. Aus physiologischer Sicht ist das sicherlich absurd. Doch vom Erleben her kann ich es sehr gut nachvollziehen, und ich staune, dass jemand das schon in jungen Jahren so wahrnehmen konnte.

Zunehmend machen mir verschiedene kleine gesundheitliche Probleme zu schaffen. Immer wieder ist irgendetwas: mal mit den Knien, mal mit den Füßen, mit der Haut, mit den Augen, mit allergischen Reaktionen, und so weiter und so fort – nichts Schwerwiegendes glücklicherweise. Es sind Kleinigkeiten, doch sie kosten Zeit und Aufmerksamkeit, wenn Arztbesuche und Untersuchungen notwendig sind, Behandlungen durchgeführt, Medikamente eingenommen oder regelmäßig Übungen gemacht werden müssen. Zweimal schickte mich der Hausarzt vorsichtshalber für genauere Abklärungen ins Kantonsspital in A. Das war zeitraubend und mühsam, aber auch beruhigend, weil sich klar herausstellte, dass kein Grund zur Besorgnis besteht. Der neue Hausarzt bewährt sich sehr, da habe ich wirklich Glück. Zwar ist die Wartezeit meistens ziemlich lang, obwohl man auf eine bestimmte Zeit bestellt wird, doch das nehme ich in Kauf, denn es ist nur die Kehrseite davon, dass er sich für seine Patienten, also auch für mich, wirklich Zeit nimmt. Er ist sehr gründlich, dabei unkompliziert, und hat mich bisher immer sehr gut beraten. Inzwischen habe ich genauso viel Vertrauen zu ihm wie zu meinem langjährigen Hausarzt in Zürich.

Natürlich habe ich manchmal Angst vor dem, was mir möglicherweise bevorsteht. Vor allem angesichts dessen, was alte, kranke, sterbende Menschen manchmal über sich ergehen lassen müssen. Der Wildwuchs an sogenannten (ursprünglich in guter Absicht entstandenen) »Care«-Konzepten und -Angeboten ist inzwischen zu einem teilweise recht zweifelhaften Geschäftszweig angewachsen, der sich mehr an den Bedürfnissen und Interessen der Anbietenden orientiert, als dass er den Menschen dient, für die solche Angebote eigentlich gedacht wären. Ich habe in meinem Bekanntenkreis einige erschreckende Beispiele mit ansehen müssen, die kaum zu glauben waren. Sicher, man darf das nicht verallgemeinern. Es gibt auch wirklich positive und hilfreiche Ansätze, doch leider ist es weitgehend eine Glücksache, ob man in diese oder in jene hineingerät.

Es bedrückt mich zu sehen, wie für manche Menschen die Altersbeschwerden so dominant ins Zentrum rücken, dass sie sich dem Leben mehr und mehr entziehen. Da kann ich nur immer wieder von neuem dankbar sein dafür, dass ich bis jetzt einigermaßen glimpflich davon gekommen bin. Und mich weiterhin bemühen, selber alles in meiner Macht Stehende dazu beizutragen, damit es möglichst lange so bleibt. Ich habe großes Glück, dass mir bisher nichts Ernstliches fehlt, sondern nur die unvermeidlichen »Gebresten« des Alters zu schaffen machen. Dieser veraltete, in der Schweiz noch gebräuchliche Ausdruck erfasst für mein Gefühl plastischer und nuancierter als das hochdeutsche (zu starke) »Gebrechen« die diffuse Mischung von Beschwerden, gesundheitlichen Problemen, Beeinträchtigungen und ganz gewöhnlichen Alterserscheinungen, die dieser Lebensabschnitt mit sich bringt. Sie sind lästig, aber nicht wirklich ein Problem, und gewiss kein Grund zum Jammern. Doch ich muss sie beachten, in den Alltag einbeziehen und beim Planen berücksichtigen. Zum Beispiel: lieber einen Zug überspringen, wenn die Umsteigezeit knapp berechnet ist, anstatt von einem Bahnsteig zum anderen zu hetzen und einen Sturz zu riskieren. Oder mir nicht mehr so viel vornehmen für einen Tag wie noch vor wenigen Jahren. Ich habe eine Weile gebraucht, um zu dieser Einsicht zu gelangen und die Situation jeweils richtig einzuschätzen – es gelingt mir nicht immer.

»Den eigenen Anteil erkennen«

Diese zentrale Richtlinie im Umgang mit anderen Menschen, besonders mit solchen, die wir als »schwierig« empfinden, hat sich als erstaunlich wirksam erwiesen. (Genaueres darüber ist in meinem Buch »Ernstnehmen, Zutrauen, Verstehen«[3] nachzulesen.) Betreuende von behinderten Menschen erleben verblüffend oft, dass deren

Verhaltensauffälligkeiten verschwinden, sobald sie – die Betreuenden – sich anders verhalten. Da wird ein bisher weitgehend unausgeschöpftes Potenzial sichtbar, das wir auch im Umgang mit uns selber nutzen sollten. Mit unserer Haltung gegenüber den Veränderungen, die uns das Leben beschert, beeinflussen wir die Reaktionen unseres Organismus. Umgekehrt wirkt sich unsere Einstellung zu den körperlichen Beschwerden, die uns zu schaffen machen, ganz direkt auf unser seelisches Wohlbefinden aus. Altersbedingte Beschwerden und Beeinträchtigungen sind eine Tatsache, die sich nicht wegleugnen lässt. Doch stehen wir ihnen keineswegs nur ohnmächtig gegenüber. Indem wir unseren eigenen Anteil erkennen und wenn nötig etwas daran ändern, können wir bis zu einem gewissen Grad mitbestimmen, wie viel oder wie wenig sie uns behindern.

30

Nein, ich wünsche mich nicht in mein früheres Haus zurück, auch wenn ich manchmal mit einer gewissen Sehnsucht daran zurückdenke. Doch es gehört ganz klar zu einem anderen Lebensabschnitt. Was ich empfinde, ist nicht Sehnsucht, dorthin zurückzukehren, sondern eher eine leise Wehmut, dass ein Lebensabschnitt mehr bereits Vergangenheit ist, dass die Jahre immer kürzer und die Schatten länger werden, dass jeder Tag mich dem näher bringt, worauf das Leben unaufhaltsam zuführt. Die Veränderung meiner Lebensumstände und die dadurch notwendige Umorientierung hat mir das sehr deutlich vor Augen geführt, viel deutlicher, als wenn alles beim Alten geblieben wäre. Und ohne sie hätte ich manches nicht kennen gelernt, was ich jetzt als Bereicherung empfinde.

Immer wieder lerne ich neues kennen. Nachdem ich lange vergeblich nach einem passenden Yogakurs gesucht hatte und selbst in Zürich nicht fündig wurde, beschloss ich, es mit einer mir bisher unbekannten, anderen Form von Atem- und Körpertraining zu versuchen, die hier im Städtchen von einer sehr sympathischen, kompetenten und einfühlsamen Lehrerin in Einzelstunden angeboten wird und genau auf die individuellen Möglichkeiten und Bedürfnisse abgestimmt ist. Das entpuppte sich als sinnvolle Ergänzung zu den häuslichen Yogaübungen und tut mir ausgesprochen gut. Ich gehe sehr gerne einmal in der Woche zu ihr. Wieder eine unerwartete neue Erfahrung und ein Bezugspunkt mehr im hiesigen Umfeld.

Und wie es meistens so geht: Kaum hatte ich mich zu diesem Training entschlossen, fand sich in Zürich auf einmal doch eine Yogaschule – in Bahnhofsnähe und mit günstigen Kurszeiten –, deren Programm mir zusagt. Jetzt mache ich beides. Auch die Yogalehrerin ist sympathisch, kompetent und spürbar fundiert ausgebildet. Es ist eine ruhige, doch zugleich sehr anspruchsvolle (und anstrengende) Stunde, in der ich auf mein bisheriges Können aufbauen und viel Neues lernen kann. Wieder bin ich die einzige Alte unter wesentlich Jüngeren, doch erfreulicherweise komme ich bei fast allem recht gut mit. Und wenn einmal etwas nicht geht, hat die sehr aufmerksame Lehrerin stets eine Ersatzübung zur Hand.

Es ist schön, eine regelmäßige wöchentliche Verpflichtung in Zürich zu haben. Die Stunde findet um die Mittagszeit statt und lässt sich gut mit etwas anderem verbinden. Mir gefällt das bunte Leben um mich herum, die Vielfalt, die unterschiedlichen Menschen, die nicht so uniform gekleidet sind wie in der »Provinz«. Wie sehr mich die städtische Atmosphäre belebt, merke ich erst, seit ich nicht mehr in der Stadt lebe. Früher, als sie ständig um mich war, habe ich sie gar nicht so wahrgenommen. Die Yogaschule liegt zentral, doch etwas abseits von meinen früher gewohnten Pfaden. Wieder lerne ich die Stadt aus einer anderen Perspektive kennen, und schon haben sich neue kleine Gewohnheiten eingespielt: da einen Kaffee trinken oder dort eine Kleinigkeit essen, etwas besorgen, das auf dem Land nicht zu bekommen ist. So schaffe ich mir nicht nur in meinem jetzigen Umfeld neue Bezugspunkte, sondern auch im früheren. Es ist eine Doppelspur, kein Entweder-Oder.

Vor kurzem habe ich im obersten Stock eines Kaufhauses ein sehr angenehmes Café mit einer wunderbaren Aussicht auf die umliegenden Dächer entdeckt. Merkwürdigerweise war ich dort noch nie gewesen, obwohl ich seit vielen Jahren gelegentlich in diesem Geschäft einkaufe. Das Café ist offenbar sehr beliebt, es herrscht stets ein lebhaftes Kommen und Gehen. Als ich neulich dort eine köstlich zubereitete Suppe aß und durch die großen Fenster in das Schneegestöber über den Dächern schaute, dachte ich plötzlich: »Vielleicht ziehe ich wieder in die Stadt.« Das ist völlig unrealistisch und aus verschiedenen Gründen auch nicht sinnvoll – und doch hat mich der Gedanke beflügelt. Verlockend war daran nicht etwa, zum Altgewohnten zurückzukehren, sondern näher an dem zu sein, was ich hier jetzt neu entdecke. Es war ein Gedankenspiel, mehr nicht, doch Gedankenspiele können sehr befreiend sein und innere Räume aufschließen. Außerdem – man kann nie wissen, auch in späten Jahren nicht, was das Leben vielleicht noch bereithält.

Das ist wohl der größte Gewinn, den mir der Neuanfang beschert hat: Ich bin mutiger geworden, offener für Neues, schließe nichts mehr aus. Die dumme Redensart »nur mit den Füßen voran« habe ich endgültig begraben. Auch wenn die Zeit nur noch kurz ist – alles ist offen Es kann bleiben, wie es ist, oder es kann noch einmal ganz anders kommen. Beides ist möglich. Dass das letztere eintrifft, ist eher unwahrscheinlich. Doch es geht gar nicht so sehr um äußere Ereignisse. Entscheidend ist die innere Offenheit für Unvorhergesehenes – sie erweitert und belebt mein Lebensgefühl. Manchmal ertappe ich mich sogar bei dem Gedanken, vielleicht doch noch mal eine große Reise zu machen, nach Argentinien zum Beispiel, wo ich schon lange mal hin wollte. Gedankenspiele, wie gesagt … Nicht beim Gedanken ist es geblieben, als ich im Yoga plötzlich Lust bekam, den Kopfstand zu versuchen, den ich seit 35 Jahren nie mehr gemacht hatte. Mit Unterstützung der Lehrerin ist es mir tatsächlich gelungen. Das war ein unbeschreibliches Gefühl und ein sehr ermutigendes Erlebnis für Körper und Seele. Seither bin ich jedes Mal enttäuscht, wenn in einer Stunde der Kopfstand nicht vorkommt. Allein schaffe ich es leider (noch?) nicht, aber wenn die Lehrerin mir beim Anheben der Beine hilft, kann ich inzwischen schon eine ganze Weile in dieser Stellung bleiben. Das tut ausgesprochen gut und gibt mir eine Energie und Spannkraft, wie ich sie schon lange nicht mehr verspürt habe. Offenbar ist es genau das, was ich jetzt brauche. Schon eindrücklich, wie nach so vielen Jahren plötzlich die Lust auf den Kopfstand erwacht ist. Es zeigt einmal mehr, dass der Organismus weiß, was er braucht – und wir gut daran tun, auf seine Signale zu achten.

Noch etwas Kostbares habe ich gewonnen durch die Notwendigkeit, mich neu zu orientieren: Ich gehe wacher durchs Leben, nehme genauer wahr, was um mich herum und in mir vorgeht, bin aufmerksamer geworden für kleine Dinge, merke deutlicher, wie sie sich anfühlen, ob sie mir gefallen oder mich stören. In gewohnten Bahnen wird manches so selbstverständlich, dass man es gar nicht mehr bemerkt. Herausgelöst aus eingespielten Alltagsbezügen, musste ich neu lernen darauf zu achten: was will ich und was will ich nicht, was sagt mir zu und wovon nehme ich lieber Abstand, was tut mir gut und was sollte ich besser unterlassen? Wenn auf einmal alles anders ist als gewohnt und nichts mehr selbstverständlich, geht man mit offeneren Sinnen und feineren Antennen durchs Leben – und nimmt es vielschichtiger, überraschender und in neuen Farben wahr. Diesen Blickwinkel versuche ich mir zu erhalten, auch nachdem manches wieder selbstverständlich geworden ist.

Nein, ich möchte das Rad nicht zurückdrehen, aber noch etwas Zeit vor mir haben, meinen Weg noch eine Weile weiter gehen – das möchte ich wohl.

Bin ich privilegiert? Ich denke schon. Ich habe sehr magere Zeiten erlebt, aber nie extreme, Existenz gefährdende materielle Not gelitten. Ich musste nie wirklich hungern, war nie im Gefängnis, bin weder gefoltert noch geschlagen noch vergewaltigt worden; nie haben Bomben mir das Dach über dem Kopf zerstört, ich bin nie auf der Flucht gewesen. Das ist in dem Jahrhundert, in das ich hineingeboren wurde, alles andere als selbstverständlich. Ich habe Glück gehabt und bin dankbar dafür.

Nicht, dass alles immer gut gewesen wäre in meinem Leben. Es gab sehr dunkle Zeiten, in denen ich das Gefühl hatte, dass alles misslingt, was ich anpacke. Es gab Momente tiefster Verzweiflung, in denen ich nicht mehr leben wollte. Ich bin sehr verletzt worden von Menschen, die ich geliebt habe. Von anderen, denen ich vertraut hatte, wurde mir übel mitgespielt. Das hat Narben hinterlassen. Und selber habe ich mich keineswegs immer so verhalten, dass ich stolz darauf wäre. Rückblickend hätte ich manches gerne anders gemacht. Es gibt Dinge, die ich zutiefst bedaure und die mir aus heutiger Sicht unverständlich erscheinen. Ich beschönige nichts. Doch das alles hat mich weitergebracht und letztendlich stärker gemacht. Jetzt ist es in die Ferne gerückt und belastet mich nicht mehr. Es war, wie es war. Wäre es anders gewesen, wäre ich jetzt nicht da, wo ich bin – und gerne bin. Die späten Lebensjahre machen es möglich: Abstand gewinnen vom Vergangenen, es nicht verdrängen müssen, aber auf sich beruhen lassen können – und unbelastet weitergehen.

Ein paar Zeilen aus einem anderen, lange vergessenen Gedicht gehen mir ständig durch den Kopf:

Kein Weg führt nach Rom
Kein Weg führt zum Ziel
Wege sind Wege sind Wege
unterwegs zu sein

Unterwegs sein
ist alles
was ich vermag

Sie sind für mich heute ebenso wahr wie damals, als ich sie geschrieben habe – vor sehr langer Zeit, in einer ganz anderen Lebenslage und aus einer ganz anderen Stimmung heraus. Doch ihre Bedeutung hat sich gewandelt. Damals waren sie Ausdruck von Resignation, vom Gefühl, zu mehr nicht fähig zu sein. Heute sagen sie mir: Mehr musst du gar nicht. Was zählt, ist das Unterwegssein: nicht stehen bleiben, weitergehen, mit wachen Augen, offen für neue Erfahrungen, auch wenn das Ende des Weges absehbar ist. Im Weg selber liegt der Sinn. Solange ich unterwegs bin, wohin auch immer, ist das Leben kostbar und lebenswert. Es so erleben zu können, ist ein Geschenk der späten Jahre.

Ja, alte Bäume wachsen noch – nicht in den Himmel, wie das Sprichwort weiß – doch sie setzen Jahrringe an, einen um den anderen, bis sie sterben. Jahrringe, in denen sich Erfahrung komprimiert. Die letzten sind nicht die schlechtesten.

Anmerkungen

Folgende Bücher und Artikel wurden im Text erwähnt oder zitiert:

1 Marlis Pörtner: *Brücken bauen. Menschen mit geistiger Behinderung verstehen und begleiten.* Stuttgart 2003, Klett-Cotta.

2 Erik H. Erikson: *Identität und Lebenszyklus.* Frankfurt am Main 1966, Suhrkamp Verlag.

3 Marlis Pörtner: *Ernstnehmen, Zutrauen, Verstehen, Personzentrierte Haltung im Umgang mit geistig behinderten und pflegebedürftigen Menschen.* Stuttgart 1996, 6. überarbeitete und erweiterte Auflage 2008, Klett-Cotta.

4 Ingeborg Bachmann: *Die gestundete Zeit,* Gedichte, München 1953, Piper.

5 Otfried Höffe: Gewonnene Jahre, Neue Zürcher Zeitung vom 16.7.2009.

6 Danielle Quinodoz: *Vieillir – une découverte.* Paris 2008, Presses Universitaires de France.

7 Peter Gross / Karin Fagetti: *Glücksfall Alter. Alte Menschen sind gefährlich, weil sie keine Angst vor der Zukunft haben.* Freiburg i. Br. 2008, Herder Verlag.

8 Tom Kitwood: *Der person-zentrierte Ansatz im Umgang mit verwirrten Menschen.* Bern 2000, Hans Huber.

9 Marlis Pörtner: *Alt sein ist anders. Personzentrierte Betreuung von alten Menschen.* Stuttgart 2005, Klett-Cotta.

Dank

Ich danke allen, die das Entstehen dieses Buches hilfreich begleitet haben:

Milena Moser, für die Anregung, meine Erfahrungen und Gedanken aufzuschreiben und für nützliche Hinweise im Verlauf des Entstehungsprozesses;

Roland Knappe, für die Ermutigung, dieses – aus dem gewohnten Rahmen fallende – Projekt dem Verlag vorzulegen, sowie für hilfreiche Rückmeldungen zum Text;

dem Verlag *Klett-Cotta* für den Mut, nach meinen Fachbüchern nun dieses »etwas andere« Buch zu publizieren und sich dafür einzusetzen;

den Mitarbeitenden in Herstellung, Vertrieb, Marketing für ihren Beitrag zu seiner Gestaltung und Verbreitung.

Ganz besonders danke ich *Heinz Beyer*, für sein inspirierendes Lektorat, das den prüfend-kritischen Blick von außen mit sensibler Einfühlung in die innere Struktur des Textes verbindet und mir wesentliche Anregungen für die Gestaltung des Buches gegeben hat.